Ostseite der Paglia Orba (2525 m) vom Anstieg zum Monte Albano. (Randzahl: 39,40)

Paglia Orba (2525 m), die Königin der korsischen Berge – vom Monte Cinto (2706 m). (Randzahl: 39, 40, 41)

*Rotondo-Gruppe.
Der schöne
Capitello-See
inmitten einer
grandiosen
Felsszenerie.
(Randzahl:
46, 47, 48)*

*Das reizende
Bergdorf Evisa
mit dem
Capu d'Orto
(1294 m).
(Randzahl:
43, 44, 45)*

*Rast auf dem
Weg zum
Monte Renoso
(2352 m)*

*Bild rechts:
Südgruppe de
Bavella
Punta Buvon
(links) und
Punta di Ferr
(rechts) von
Aufstieg zu
Punta Velaco.
(Randzahl: 56)*

*Bild nächste Seite:
Verwitterungs-
formen am
Capu d'Orto.
Etwa 1250 m tiefer
der Küstenverlauf
am Golf von Porto.
(Randzahl:
1, 43, 44)*

Bergwelt Korsika

Ein Führer für Wanderer
und Bergsteiger

von HANS SCHYMIK
mit einem Geleitwort von
EMILE ARRIGHI DE CASANOVA
Président de l'Association
pour le Développement
Touristique de la Corse

Fink – Kümmerly + Frey

»Wanderbücher für jede Jahreszeit«

eine Wanderbuch-Reihe für die schönsten Wandergebiete

Fotos: Korsika-Archiv Hans Schymik

6. überarbeitete und aktualisierte Auflage, 1988.

ISBN 3-7718-0153-2

© J. Fink – Kümmerly + Frey Verlag GmbH, 7302 Ostfildern 4 (Kemnat)
Alle Rechte, auch die der photomechanischen Wiedergabe
und der Übersetzung, vorbehalten.
Druck und Bindung: Clausen & Bosse, Leck
Printed in West-Germany

Inhaltsübersicht

Zum Geleit

Wenn davon gesprochen wird, daß Korsika ein Gebirge im Meer ist, so entspricht das nicht ganz den Tatsachen. In Wirklichkeit sind es mehrere Gebirgsgruppen, die vom Meer umgeben sind und die sich gegen den blauesten Himmel der Welt abheben.

Diese Berge waren lange Zeit hindurch unbekannt geblieben. Erst in den letzten Jahren haben Touristen auf ihrer Suche nach reiner Luft, Ruhe und Stille, die Schönheiten unseres Naturparadieses erkannt. Wie insgesamt für Korsika, so gilt es auch für seine Berge: eine Vielseitigkeit der Landschaftsformen.

Um die verschiedenen Landschaften allgemein bekanntzumachen, haben die Verantwortlichen der »Développement Touristique de la Corse« und insbesondere die vom »Parc Naturel Régional« eine Reihe von Beschreibungen herausgegeben, von denen die des großen, alpinen Wanderweges »GR 20« gestattet, von Calenzana im Nordwesten der Insel, in die von Conca im Südosten zu gelangen. Zahlreiche andere Veröffentlichungen weisen die Besucher auf die verschiedenen Ziele hin, so auch zu den Bergseen im Zentral-Massiv.

Die Gesellschaft für die touristische Entwicklung Korsikas (Développement Touristique de la Corse) begrüßt alle Bestrebungen, wie die von Herrn Schymik, die dazu beitragen sollen, die ins Landes-innere und die Berge zu führen, die unser Land kennenlernen möchten.

In einigen Jahren wird dieses Gebirge vielleicht auch schon für den Winter-Sportler interessant sein. Vorerst empfehlen wir die Berge, Wälder, Pässe, Seen und Wasserfälle den Sommer-Touristen. Sie werden nicht enttäuscht sein.

Emile Arrighi de Casanova
Président de l'Association pour le Développement
Touristique de la Corse

Übersichtskarte

KORSIKA

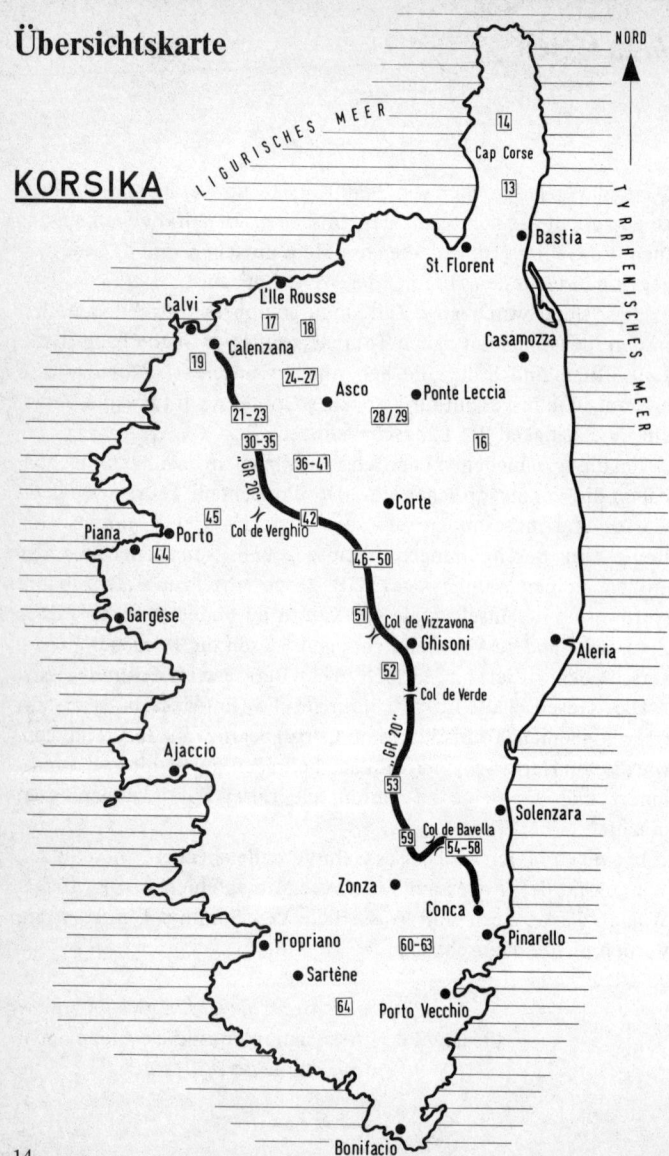

NORD

LIGURISCHES MEER

TYRRHENISCHES MEER

14 Cap Corse

13

Bastia

St. Florent

Calvi
L'Ile Rousse
17 18
Calenzana
19
24–27
Asco Ponte Leccia
21–23
28/29
30–35
16
„GR 20" 36–41
Corte
45
42
Piana Porto
Col de Verghio
44
46–50

Gargèse
51 Col de Vizzavona
Ghisoni
52
Col de Verde
Aleria
„GR 20"
Ajaccio
53
Solenzara
59 Col de Bavella
54–58
Zonza
Conca
Propriano 60–63 Pinarello
Sartène
64 Porto Vecchio

Bonifacio

Zur Orientierung

Insel der Schönheit
Insel des Lichts
Insel der Kontraste

wird die drittgrößte Insel (8778 km²) des westlichen Mittelmeeres in den amtlichen Prospekten genannt. Wollte man jedoch die vielen treffenden Bezeichnungen alle zusammenfassen, würde eine Seite dieses Führers kaum ausreichen.

Die vielseitigen Landschaftsformen auf engstem Raum faszinieren alle Touristen, sie fühlen sich wie in ein Land der Wunder versetzt. Und in der Tat ist es auch so, denn das Landesinnere Korsikas stellt ein Naturparadies dar, wie es im übrigen Europa nur noch an wenigen Stellen anzutreffen ist.

Eigentlich ist Korsika ein Gebirge im Meer, und wer dieses Gebirge nicht kennt, der kennt Korsika nicht. Schon die höchste Erhebung, der Monte Cinto (2706 m), wirkt wie ein Magnet auf Bergsteiger und Touristen. Man muß sich schon von den herrlichen Buchten mit ihren einmaligen Sandstränden gewaltsam losreißen und hineinfahren in das Landesinnere, um den eigenartigen Zauber dieser Landschaft erleben zu können, der aber erst dann vollkommen ist, wenn einer der vielen stolzen und wilden Gipfel erreicht ist, von denen man oft im Osten und Westen die blauen Fluten des Meeres erblickt. Es ist stets ein Anblick von unbeschreiblicher Schönheit, eine echt korsische Stimmung.

Dank seiner Unzugänglichkeit konnte Korsika seinen Waldbestand, der zu den schönsten des gesamten Mittelmeerraumes zählt, bis in die heutige Zeit hinein erhalten.

Im Jahre 1963 hat der Verfasser nach Rücksprache mit Michel Fabrikant (Autor des französischen Spezialführers über die Berge Korsikas) eine umfangreiche Eingabe über den Deutschen Alpenverein an die Internationale Alpenkommission gerichtet, um die Ursprünglichkeit im Landesinnern für die Nachwelt zu erhalten. Zum

200. Geburtstag Napoleons im Jahre 1969 kam dann die überraschende und überaus erfreuliche Nachricht: der

»Parc Naturel Régional de la Corse«

war Wirklichkeit geworden. Dadurch und durch die malerischen Dörfer sowie seine einmalige Küstenlandschaft wurde Korsika zu einem begehrten Reiseland. Eigentlich ist es ein Ziel für Individualisten, die keine Mühe scheuen, um die vielen Geheimnisse zu ergründen, die diese zauberhafte Insel im blauen Meer umgeben.

Zu diesen zählen auch die Zeugen der Megalithkultur und die der Torreaner. Tief beeindruckend sind die prähistorischen Stätten von Filitosa, Cucuruzzu, auf dem Plateau von Cauria oder das Alignement von Pagliaju mit über 200 Menhiren sowie das Castellu d'Araggio bei Porto Vecchio und die vielen kleineren Stätten, die teilweise versteckt in der Landschaft liegen. Es werden immer wieder prähistorische Stätten entdeckt, und es kann daher angenommen werden, daß die Macchia noch manches Geheimnis verborgen hält.

Durch seine strategisch wichtige Lage war Korsika schon von frühester Zeit her von allen Kontinentalmächten begehrt (Phönizier, Etrusker, Griechen, Römer, Sarazenen, Pisaner, Genuesen). Immer wieder erhoben sich die Korsen gegen die Unterdrücker, und zwar vom Landesinnern aus, das die fremden Mächte niemals vollkommen kontrollieren konnten. So war die Castagniccia mit ihren wie Festungen wirkenden Dörfern stets das Herz des Widerstandes gegen die Eindringlinge. Aus diesem Gebiet (Morosaglia) stammt auch Pasquale Paoli, dem es gelang, das verwilderte und von Blutrache geschwächte Volk zu einigen und dem Lande eine Verfassung zu geben, die den Ideen Washingtons weit vorausging. Mit der verlorenen Schlacht am 8. Mai 1769 gegen die Franzosen war der Freiheitstraum der Korsen endgültig zu Ende. Im gleichen Jahr wurde Napoleon geboren, der später seine Heimat auf das festeste mit Frankreich verband.

Für alle Freunde der Natur, für alle, die mit aufnahmebereitem Herzen die Insel besuchen, soll dieser Führer ein kleiner Ratgeber sein. Es soll auch nicht verschwiegen werden, daß die Touren in dem oft pfadlosen Gelände nicht ganz einfach sind und einen guten

Orientierungssinn erfordern. Genaue Beschreibungen sind nicht immer möglich, daher ist die *Allgemeinrichtung* von größter Wichtigkeit. Das Abenteuer auf dem Wege zum Berg ist oft eindrucksvoller als am Berg selbst. Wer schnelle Eroberungen machen will, der hat auf Korsikas stolzen Zinnen nichts zu suchen. Hier darf noch jeder richtig Bergsteiger sein und außerdem ein wenig Kolumbus spielen.

Gute Ausrüstung ist in den Bergen Korsikas noch wichtiger als in den Alpen, und mit Halbschuhen sollte es niemand wagen, eine Tour zu unternehmen. Wie schnell kann eine Verletzung eintreten, aber keine Hilfe zur Stelle sein. Allein sollte man niemals unterwegs sein!

Die Auswahl der Touren wurde so getroffen, daß diese nicht zu schwierig sind, in alle Berggruppen der Insel hineinführen und somit dem Berg- und Wanderfreund Erlebnisse vermitteln, die für ihn unvergeßlich sein werden.

Steinmänner
Kleine Steinpyramiden, die Pfade und Routen markieren. Trotzdem, stets die angegebene *Allgemeinrichtung* beachten, da die Steinmänner von Verirrten oft unrichtig aufgestellt werden und daher in eine falsche Richtung weisen können.

Achtung!
Da die *Allgemeinrichtung* oft aus großer Entfernung festgelegt werden muß, ist die Mitnahme eines guten Feldstechers eine Notwendigkeit, z.B. Zeiss 8 x 30 B Dialyt (570 g), 8 x 30 B/GA Dialyt mit Gummiarmierung (580 g). Wegen des geringen Gewichtes sind folgende Ferngläser für Bergsteiger und Wanderer besonders empfehlenswert: Zeiss-Mini-Ferngläser 8 x 20 monokular (48 g) und 6 x 20 B (145 g) oder 8 x 20 B (180 g) und 10 x 25 B (200 g) auch für Brillenträger.

Das orographisch linke und rechte Ufer
Erfahrungen haben den Beweis erbracht, daß man auf diesen Punkt besonders hinweisen muß, der nicht nur für Flüsse, sondern auch für Täler, Gletscher usw. maßgebend ist: in Flußrichtung – also immer bergabwärts gesehen – befindet sich das orographisch linke Ufer stets links und das rechte dementsprechend rechts.

Schwierigkeitsbewertung (zur allgemeinen Information)

Schwierigkeit	*französisches Kurzzeichen*
I = leicht	F
II = mäßig schwierig	PD
III = schwierig	AD
IV = sehr schwierig	D
V = besonders schwierig	TD
VI = äußerst schwierig	ED

Dieser Führer enthält nur Tourenvorschläge, die den Schwierigkeitsgrad II nicht überschreiten.

Wissenswertes

1 Struktur der Berge und ihre geologischen Besonderheiten

Früher war man der Ansicht, daß der westliche Teil Korsikas mit seinem kristallinen Urgestein (Granit, Granulit, Porphyr, Diorit usw.) zu jenem sagenumwobenen Land »Tyrrhenis« gehört, das einst Europa mit Afrika verband.

Auch neueste Forschungen und Erkenntnisse beweisen, daß große Gebiete der Insel zu den ältesten Teilen unserer Erde gehören und als ein autochthon variszisches Gebirge angesehen werden, das am Rande des jüngeren Faltengebirges aus dem Tertiär liegt, welches im Nordwesten Afrikas beginnt und über Spanien – Südeuropa – nach Asien hinüberzieht.

Ebenfalls im Tertiär lagerten sich gewaltige Landmassen – von der Toscana kommend – an dem alten Felsengebirge im Meer ab. Die Berge im Osten (Sedimentgestein) sind also jünger, weisen abgerundete Formen auf und sind durchweg bewachsen. Diesem vorgelagert ist das alluviale Schwemmland.

Betrachtet man das Kartenbild, so fällt einem ein Hauptkamm auf, der wie ein langgezogenes »S« die Insel durchzieht. Dieser Hauptkamm bildet nicht nur die Grenze zwischen den zwei genannten geologisch verschiedenen Gebieten, er stellt gleichzeitig die Wasserscheide dar. Die größten Flüsse (Golo und Tavignano) münden im

Osten ins Tyrrhenische Meer. Mit seinen Flüssen und Seen verfügt Korsika über außerordentlich viel Süßwasser, das immer mehr zur Bewässerung von landwirtschaftlichen Kulturen genutzt wird.

Sämtliche geologische Zeitalter, Gletscher, Wasser und Winde haben eine Bergwelt geschaffen, die in ihrer Wildheit jede Phantasie übertreffen. Bekannt sind die Verwitterungsformen im korsischen Granit, die durch einen physikalischen, chemischen und mechanischen Zersetzungsprozeß entstanden sind und von der Küste angefangen, bis etwa 1500 Meter vorkommen. Zu den interessantesten zählen die Tafonibildungen (Tafoni = Fenster), in deren Zonen das Klettern mit vielen Überraschungen verbunden ist, jedoch eine eigene Technik erfordert (z. B. Schlingen anstelle von Haken).

Zu den geologischen Besonderheiten zählen auch die Miozänkalke aus dem Tertiär von St. Florent und vor allem von Bonifacio an der Südspitze Korsikas, wo diese bis zu 70 Meter aus dem Meer emporragen und eine Steilküste bilden, deren Faszination sich niemand entziehen kann.

Abschließend sei noch auf den einmalig schönen Kugeldiorit »Diorit orbicularis« hingewiesen, der außer in Finnland nur noch bei Sainte-Lucie-de-Tallano auf Korsika vorkommt.

2 *Klima*

Durch das Gebirge im Meer hat Korsika ein wesentlich angenehmeres Klima als die anderen Gebiete im Mittelmeerraum.

```
   0 m bis   200 m: Mittelmeerklima
 200 m bis   900 m: Übergangszone
1000 m bis 1500 m: gemäßigtes Klima
        über 1500 m: geht es in ein typisch alpines Klima über.
```
Temperaturen: Jahresmittel 16° C (im Sommer auch in den Bergen)
                     Juli 24° C

Die Winde sind wetterbestimmend. Der Westwind bringt in der Regel Regen, und wenn dieser – wie der Mistral aus Nordwesten – über den Hauptkamm gelangt, entsteht der gefürchtete Libecco. Der Sirocco aus dem Süden verursacht heftige Gewitter in den Bergen und der Levante aus dem Osten ein tropisches Treibhausklima. Dagegen ist der seltene Nordwind »Tramontane« angenehm kühl und trocken.

Folgende Regel kann für die einzelnen Gebiete aufgestellt werden: Im Westen regnet es mehr als im Osten, im Innern mehr als an den Küsten und im Norden häufiger als im Süden. Etwa 55% aller Niederschläge entfallen auf die kühlere Jahreszeit von Oktober bis März. Im Hochgebirge fällt dann reichlich Schnee, der mitunter bis auf 300 Meter hinabreicht.

Für den Sommer-Bergsteiger ist es wichtig zu wissen, daß die beständige Witterung – je nach Großwetterlage – Anfang Juni einsetzt und bis Ende Oktober anhält. Wegen der einzigartigen Blütenpracht der Macchia im Frühjahr, sind Wanderungen von Ende Mai bis Anfang Juli besonders schön und angenehm. Der Kletterer wird dagegen die Zeit ab Mitte Juli vorziehen, da er dann auch an den Nordseiten der Berge mit weniger Schnee in Berührung kommt.

Gefürchtet sind die Gewitter in den Bergen, die meistens um die Mittagszeit auftreten. Schon ab 9 Uhr kommen vom Meer her die Wolken, dringen durch die Täler zu den Gipfeln empor und erschweren die Orientierung. Es ist daher ratsam, mit dem Einsetzen der Morgendämmerung aufzubrechen, damit der Gipfel spätestens gegen 10 Uhr erreicht ist und bald danach der Abstieg erfolgen kann. Während der erwähnten Gewitter fällt nicht nur Regen, manchmal sogar Schnee, so daß starke Temperaturschwankungen eintreten. Daher gehört in jeden Rucksack ein Biwaksack oder mindestens ein Regenumhang. Angenehm ist es dagegen, daß die Unwetter meistens gegen 15 Uhr vorbei sind und anschließend die Sonne wieder scheint.

3 *Flora*

»Bunte Palette im blauen Rahmen« nannte ein Korsika-Freund die »Insel aus Duft und Farben«. Und in der Tat ist es so, daß man bei günstiger Windrichtung den Duft der Milliarden Blüten der Macchia bereits wahrnimmt, ehe die Insel am Horizont sichtbar wird.

Welch eine Überraschung erwartet erst den Reisenden, wenn er im Frühjahr durch diese blühende Landschaft fährt. Die oft genannte

Macchia setzt sich aus vielen Arten von Sträuchern und Pflanzen zusammen: Cistrosen, Baumheide, Erdbeerbaum, Mastixstrauch, Myrte, Ginster, Rosmarin, Lavendel, Thymian, Wacholder, Asphodelus usw.

Mehr als die Hälfte der Insel wird von diesem Gestrüpp bedeckt, das je nach Gegend, Höhenlage und Niederschlagsmenge eine Höhe von 4 Meter erreichen kann. Durch Brände und Rodungen ist der Bestand an Macchia-Flächen in den letzten Jahren stark zurückgegangen. Wer durch die Macchia wandern will, der muß das Gelände genau beobachten, denn nicht überall ist ein Durchkommen möglich. Auf alle Fälle lange Hosen und gute Schuhe anziehen!

Der Botaniker findet auf Korsika ein überaus lohnendes Betätigungsfeld vor. Von Fachleuten wird angenommen, daß so manche Art noch gar nicht bestimmt ist. Wenn auch die Macchia von der Küste angefangen bis etwa 1500 Meter vorherrscht, so durchwandert man eigentlich sämtliche Vegetationsstufen. Bis 400 Meter hinauf reicht die mediterrane Zone, mit Feigenkaktus, Agave, Mittagsblume, Platane, Mimose, Oleander. In diesen Gebieten gedeiht ein köstlicher Wein sowie Zitrone, Orange, Mandel und so manche andere Frucht. Ölbaum und Korkeiche sind keine Seltenheit. Wegen seinem schnellen Wachstum wird der Eukalyptusbaum in den letzten Jahren verstärkt angebaut. Dazwischen leuchtet immer wieder das Steckenkraut (Ferula communis L).

In der Zone zwischen 400 Meter und 900 Meter ist die Edelkastanie vorherrschend, deren Frucht einst das Hauptnahrungsmittel der Korsen war. Dann folgen bis etwa 1800 Meter hinauf die schönsten Wälder des Mittelmeerraumes, in denen die Laricio-Kiefer eine Höhe von 40 Meter erreicht. Um 1000 Meter kommt bereits die Buche vor, ab 1500 Meter durchweg Nadelhölzer. Die Waldgrenze bilden meistens Birken, Ahorn und Eichen. Ab 1800 Meter Höhe stehen noch einzelne Wetterbuchen, um die herum an den Hängen Alpenerlen und Zwergwacholder wuchern. Zwischen Erlen und den ersten steilen Felsen befindet sich fast immer ein breites Band, das ein gutes Durchkommen ermöglicht und auf dem im Frühjahr zahlreiche Krokusse blühen.

Allein die Flora der Berge Korsikas rechtfertigt die Bezeichnung

»Naturparadies«: Da blühen ganze Teppiche von Alpenveilchen und Feuerlilien, an den Bergbächen die leuchtende Alpenakelei, neben mehreren Arten von Knabenkraut so manche andere Orchidee und

»Korsisches Edelweiß«
(Helichrysum frigidum)

zahlreiche andere Alpenblumen. Fachleute wissen, daß es nur auf Korsika eine sehr auserlesene, kleine Pflanze gibt, die in sonnigen Felsspalten gedeiht. Und weil diese Zwerg-Strohblume (Helichrysum frigidum) so einmalig ist, hat sie den Namen »Korsisches Edelweiß« erhalten.

Besonders empfehlenswert die Bücher von Paula Kohlhaupt mit hervorragenden Aufnahmen: »Mittelmeerflora« und »Mittel- und Südeuropäische Orchideen«. Erschienen im Athesia-Verlag in Bozen, Vertrieb in der Bundesrepublik Deutschland durch den Echter-Verlag in Würzburg.

4 *Fauna*

Seit Jahren werden über die Fauna Korsikas Nachrichten verbreitet, die dem heutigen Stand in keiner Weise entsprechen. Rehe gibt es überhaupt nicht und vom »geheimnisvollen« korsischen Zwerg-hirsch hört man auch nichts mehr!

Das seltene Mufflonschaf (Korsischer Widder) steht unter Natur-schutz, doch die leidenschaftlichen korsischen Jäger werden sich kaum daran halten. So nimmt der Bestand immer mehr ab, und es ist heute schon ein glücklicher Zufall, wenn man das sonst so scheue Tier in den Bergen beobachten kann.

Da das korsische Hausschwein recht zahlreich in den Wäldern frei herumläuft, werden bei den beliebten Wildschweinjagden so manche Mischlinge erlegt. Rotes Rebhuhn, Ringel- und Turteltaube kommen fast überall vor, Wild- und Trauerente, Schnepfe, Kiebitz und Brachvogel dagegen nur an den Binnenseen sowie teilweise versumpften Flußmündungen im Osten der Insel.

Als einziges Raubtier kann der Fuchs genannt werden, als Raubvogel der seltene Adler und der Falke.

Für das Kleinwild schafft die Macchia ideale Lebensbedingungen, so daß Schildkröten, Eidechsen und Nattern recht zahlreich sind. Giftige Schlangen soll es auf Korsika nicht geben. Auf die vielseitige Insektenwelt wird besonders hingewiesen.

Es stimmt auf keinen Fall, daß in den Wäldern Korsikas eine große Stille herrscht. Seit Jahren zeltet der Verfasser mit seinen Begleitern in den Bergen und Wäldern und wurde im Frühjahr stets vom hellen Klang der Vogelstimmen geweckt. Ornithologen stellten übrigens zahlreiche Vogelarten fest (vgl. Ornithologische Mitteilungen 11/1964 und 19/1967).

In den Flüssen und Bächen ist vor allem die Forelle, aber auch der Aal stark vertreten.

5 *Berg- und Wandervereine*

CAF: Club Alpin Français und
      Fédération Française de la Montagne
      7, Rue la Boétie
      F-75008 Paris Cedex 8

TCF: Touring Club Français
      69, Avenue de la Grande Armée
      F-75782 Paris Cedex 16

Club Alpin Français
Section Corse
Résidence Highland
Avenue de Verdun
F-20188 Ajaccio/Corse

Ein- und Zweitageswanderungen durch:

»I Muntagnoli Corsi«
11, Bd Sampiero
F-20188 Ajaccio/Corse

Telefon 95/74 62 28 oder 95/78 61 25

Wanderungen, Berg- und Klettertouren führt durch:

»Associu di i Muntagnoli Corsi«
F-20122 Quenza/Corse (Süd-Korsika)

Telefon 95/78 64 05

Über weitere und neue entstehende Möglichkeiten erkundigt man sich am besten beim »Parc Naturel Régional de la Corse« in Ajaccio.

Parc Naturel Régional de la Corse
Das Landesinnere und fast alle Berggebiete gehören zum Naturpark. Durch diesen führt auch die alpine Wanderroute »GR 20«, die in Calenzana bei Calvi (Nordwesten) beginnt und in Conca bei Ste. Lucie de Porto Vecchio im Südosten der Insel endet.

Zeitschrift: »Courrier du Parc de la Corse«
(Palais Lantivy, F–20188 Ajaccio/Corse)

6 *Hütten und Unterkünfte*

Bewirtschaftete Hütten - wie in den Alpen - gibt es auf Korsika nicht. Die Einrichtungen sind einfach, jedoch ausreichend: Lager, Decken, Gaskocher, Gaslicht, Geschirr, Kamin oder Ofen usw. Es ist anzunehmen, daß die vorerst noch als Notunterkunft bezeichneten Hütten im Laufe der Jahre die gleiche Ausstattung erhalten.

Bitte die Hütten in sauberem Zustand verlassen, auch dann, wenn die Vorgänger diese Selbstverständlichkeit nicht beachtet haben.

Gebühren: Da die Kassetten in den Hütten mitunter aufgebrochen werden, nur Verrechnungsscheck verwenden oder, wenn keine Hüttenaufsicht anwesend ist, nachträgliche Überweisung an den:

Parc Naturel Régional de la Corse,
Palais Lantivy, F-20188 Ajaccio/Corse.

Außer dem eigenen Zelt und den Bergerien gibt es noch Hotels, die als Stützpunkte für Wanderer und Bergsteiger in Frage kommen. Die Bergerien sind mit den Almhütten nicht vergleichbar. Sie bestehen in der Regel aus Trockensteinmauern mit einem primitiven Dach. Manchmal befinden sich diese auch in Höhlen oder unter Felsüberhängen. Eine Ausnahme bilden die Bergerien im Renoso-Gebiet und in Süd-Korsika, deren Anlagen bereits kleine Bergdörfer sind (z. B. Bergerie Asinao). Lage der Bergerien aus den Karten ersichtlich. Auch die Bergerien sauber verlassen! In der Hauptreisezeit sind die meisten Bergerien von Hirten belegt und auch die Hütten können überfüllt sein (Hüttenaufsicht in der Saison). Aus diesem Grunde sollte die Biwakausrüstung bei größeren Unternehmungen stets mitgenommen werden.

Unterkunftsverzeichnis

Gebirgsgruppe	Standort	Art der Unterkunft
Cap Corse		Campingplätze oder Hotels an der Küste
Castagniccia	1. Piedicroce	Hotel
	2. Col de Prato	Hotel + Restaurant
Balagne	1. Küstenorte	Hotels/Feriendörfer
	2. Speloncato	Hotels
Cinto-Massiv	Calenzana	Hotels
	Kessel von Bonifatu: a) Parkplatz (540 m)	Auberge de la Forêt: Gute Küche, Fremdenzimmer Zimmer mit Feldbetten Zeltmöglichkeit
	b) Jägerlager auf dem Gelände der Bergerie Spasimata	Selbstversorger-Hütte »Carozzu« Biwak- und Campingverbot
	Monte Padru: Forst von Tartagine	Zeltmöglichkeiten am Forsthaus von Tartagine
	Traunata-Massiv:	Bergerien/Zelt
	Stranciacone-Tal: a) Einmündung des Tassineta-Baches in den Stranciacone-Bach	»Giunte« Notunterkunft des »Touring Club de France« (TCF).
	b) 10 km nach Asco bzw. 2 km nach »Giunte«	Camping nur auf dem gemeindeeigenen Campingplatz!

Gebirgsgruppe	Standort	Art der Unterkunft
	c) Plateau Stagnu	Hôtel-Restaurant »Le Chalet«: Zimmer mit Dusche oder Bad, aber auch preisgünstige Übernachtung in Stockwerkbetten im Kellergeschoß und in Zweibettzimmern im Dachgeschoß. Gute Küche. Weitere Unterkunfts- und Biwakmöglichkeiten: Auskunft im Hotel.
	d) Plateau Stagnu	Hütte des Korsika-Feriendorfes des ÖAV. Schlüssel ist abzuholen und abzugeben im Feriendorf in Calvi. Auf Anforderung ist u. U. auch die vorherige Zusendung möglich durch: Rhomberg-Reisen GmbH & Co. KG Mozartstraße 28, A-6850 Dornbirn/Vorarlberg
	Viru-Tal:	Hotels in Calacuccia Tighiettu-Hütte (1640 m) nördlich der Bergerie Ballone
	Oberes Golo-Tal:	Hotels in Calacuccia Hôtel »Castellu di Verghio« (Niolu-Seite des Col de Verghio)
	a) Bergerie Tula	vgl. Karte
	b) Golo-Ursprung unterhalb des Col des Maures	Selbstversorger-Hütte »Ciottuli di i Mori«
Niolu	a) Monte-Cinto-Südseite, zwischen Lac du Cinto und der Bergerie Biccarellu. Höhe: 1600 m	Selbstversorger-Hütte »Erco« Öffnungszeiten in Lozzi erfragen
	b) Calacuccia	Hotels

Gebirgsgruppe	Standort	Art der Unterkunft
	c) Niolu-Seite des Col de Verghio	Hôtel »Castellu di Verghio«
	d) Am »GR 20« im Süden des Plateau von Campotile. Von der Bocca d'Aqua Ciarnente 15 Minuten in südlicher Richtung. An der Bocca Wegweiser, u. a. in Richtung Crena-See/ Soccia (in Soccia Hôtel »U Paese«)	Selbstversorger-Hütte »Manganu«
	e) Im Tal des Tavignano zwischen Nino-See und Corte. Höhe: 1200 m	Selbstversorger-Hütte »A Sega«
Forst von Lindinosa	Bocca di u Saltu (westlich des Col de Verghio) Höhe: 1391 m	Notunterkunftshütte »Salto«
Forst von Lonca/ Forst von Filosorma	Am uralten Weg der Hirten vom Niolu ins Fango-Tal, kurz vor der Bocca di Capronale	Selbstversorger-Hütte »Puscaghia« (früher Bergerie Puscaghia)
Rotondo-Massiv	a) Bergerie Timozzo (Höhe: 1500 m) an der Nordroute zum Monte Rotondo aus dem Restonica-Tal	Nur bei Abwesenheit der Hirten als Notunterkunft benutzbar. Campingplatz im Restonica-Tal
	b) Monto Rotondo 2622 m	Notunterkunft in der »Cabane Helbronner du Monte Rotondo« etwa 2 Minuten unterhalb des Gipfels

Gebirgsgruppe	Standort	Art der Unterkunft
	c) Südseite des Monte Rotondo. Am »GR 20« zwischen Col de Manganello und der Bergerie Gialgo Höhe: 1842 m	Selbstversorger-Hütte »Pietra-Piana«
Zwischen Monte Rotondo und Monte d'Oro	a) Bergerie Bassitone (1200 m) am Pfad Pietra-Piana-Hütte und Guagno, westlich des Col de Manganello	Notunterkunft
	b) Bergerie Tarricione (1250 m) am Ende des Cruzzini-Tales, unterhalb der Bocca d'Oreccia/Westseite	Notunterkunft
	c) Südöstlich der Bocca d'Oreccia auf dem Gelände der Bergerie de l'Onda (1400 m) – am »GR 20« –	Selbstversorger-Hütte »Onda« bzw. Refuge de l'Onda
Monte d'Oro	a) Vizzavona (906 m)	Hotels (Biwakmöglichkeit gegenüber dem Bahnhof)
	b) Bergerie Pozzi an der alpinen Variante des »GR 20« in Richtung Monte Renoso. Etwa 30 Minuten vom Col de Vizzavona entfernt	Selbstversorger-Hütte »Pozzi de Vizzavona«, Höhe: 1377 m
Monte Renoso	a) Bergerie Capannelle (1600 m) an der Ostseite des Renoso-Massivs. Ski-Station »Ghisoni-Capannelle«	Selbstversorger-Hütte »Capannelle« Einkaufsmöglichkeit im Restaurant »U Fugone« am unteren Parkplatz, auf dem oberen Parkplatz Snack-Bar »U Renosu« (Übernachtungsmöglichkeit in beiden Restaurants)

Gebirgsgruppe	Standort	Art der Unterkunft
Gemeinde Tasso (südöstlich von Bastelica)	Westseite des Col de Bottagio (1400 m)	Notunterkunft »Vizzilocu«
	a) Auf dem Col de Verde	Imbißstube, Einkaufs- und Übernachtungs- möglichkeit. Nur in der Saison geöffnet!
Hauptkamm zwi- schen Col de Verde und Monte Incudine	b) Am »GR 20« zwi- schen Punta del Prato (1954 m) und Punta della Capella (2041 m)	Selbstversorger-Hütte »Prati« (1820 m)
	c) Am »GR 20« südlich des Monte Formicola	Selbstversorger-Hütte »Usciolu« (1750 m) vgl. Seite 165 »Abstieg nach Cozzano«
Monte Incudine	a) Nordseite des Monte Incudine. Am »GR 20«, öst- lich der Bergerie Palaggiolo	Selbstversorger-Hütte »Pedinielli« (1620 m) (Ruine, kein Wiederaufbau)
	b) Südostseite des Monte Incudine im Bereich der Bergerie Asinao	Selbstversorger-Hütte »Asinao«
Bavella	a) Col de Bavella	Camping- und Biwakverbot
	b) Südseite der Punta Tafunata di i Paliri	Selbstversorger-Hütte »Paliri» auf der letzten Etappe des »GR 20«

Weitere Selbstversorgerhütten oder Unterkünfte in verschiedenen Ortschaften für Wanderer sind fertig oder in Planung. Die Lage der vorhandenen Hütten ist ersichtlich aus den Faltkarten für Wanderer 1:50000 »Corse Nord« Nr. 20 und »Corse Sud« Nr. 23 von der Edition Didier & Richard in Grenoble.

7 Bergführer/Bergrettung

Führungstouren unter Leitung staatlich geprüfter Bergführer stehen im Programm der Berg- und Alpinschulen in der Schweiz, Österreich, Deutschland und Frankreich, die in den letzten Jahren verstärkt nach Korsika fahren.

Auf Korsika gibt es einige Stellen, die Bergwanderungen durchführen: Auskunft über die jeweils gültigen Möglichkeiten bei den auf Seite 23 und 24 genannten Stellen.

Einen ständigen Bergrettungsdienst gibt es zwar nicht, doch stehen der Gendarmerie speziell ausgerüstete Hubschrauber für Einsätze in den Bergen zur Verfügung. In Notfällen die Bewohner der nächsten Ortschaft oder gleich die Gendarmerie verständigen, die in der Regel innerhalb kürzester Zeit am Unfallort erscheinen kann und den Verletzten schnellstens ins nächste Krankenhaus bringt.

Genaues Studium der Führerliteratur und der Karten 1 : 25 000 und 1 : 50 000 ist Voraussetzung für das Gelingen einer Unternehmung in den Bergen Korsikas (vgl. Abschnitt Literatur und Karten). Die Namen in der bisherigen Literatur entsprechen der italienischen oder französischen Sprache, auf den neuen Karten jedoch der korsischen Sprache.

Alpines Notsignal
> Sechsmal in der Minute in regelmäßigen Abständen ein hörbares oder sichtbares Zeichen geben, das mit Zwischenpausen von 1 Minute solange wiederholt wird, bis eine Antwort erfolgt.

Antwort:
> Dreimal in der Minute und ebenfalls in gleichen Zeitabständen.

Flugrettungs-Notzeichen im Gebirge
Der Hilferuf vom Boden erfolgt durch das Ja-Zeichen »Yes«. Beide Arme sind in spitzem Winkel über den Kopf erhoben und bilden mit dem Körper ein »Y«.

Beim Nein Zeichen »No« wird ein Arm schräg nach oben gehalten und der andere in der gleichen Richtung nach unten, so daß mit dem Körper ein gedachtes »N« gebildet wird.

Hubschrauberlandeplätze dürfen nie in Mulden angelegt werden. Hindernisfreiheit muß auf 100 Meter bestehen. Die Landung erfolgt immer gegen den Wind. Flächenflugzeuge brauchen 300 Meter ebenes oder bis 15 Grad ansteigendes Gelände, sie setzen bei der Landung immer rechts vom Landezeichen auf. Weichschnee vorher mit Skiern treten. Die Landeplätze sind durch Auslegen von Kleidung, Skiern etc. kenntlich zu machen.

(Nach einer Bekanntmachung in der Zeitschrift »Der Bergfreund«, 24. Jahrgang, Heft 4/1972).

8 *Bergbewohner, Sitten, Sprache*

Korsika nennt man nicht umsonst das Armenhaus Frankreichs. Die Verdienstmöglichkeiten sind gering, und so verlassen die jungen Menschen die Dörfer und suchen Arbeit in den Städten an der Küste oder auf dem Festland. So sieht man in den Bergdörfern fast nur noch Kinder und alte Leute. Durch den zunehmenden Tourismus sind die ersten Anzeichen einer günstigeren Entwicklung erkennbar.

Die Schaf- und Ziegenzucht kann nicht als besonders gewinnbringend betrachtet werden, vor allem ist der Einsatz der Hirten in der Wildnis der Berge mit vielen Unannehmlichkeiten verbunden. In manchen Hochtälern werden die Bergerien (Schafalpen) seit Kriegsende nicht mehr benutzt und in jedem Jahr werden in allen Berggebieten weitere verlassen.

Für den Wanderer und Bergsteiger waren die Hirten stets wertvolle Helfer und liefen oft stundenlang mit, um einem den richtigen Pfad oder Anstieg zu zeigen. Trinkgeld stellt für diese einfachen, aber prächtigen Menschen eine Beleidigung dar, doch sind sie dankbar für Zigaretten oder ein Foto, das man ihnen nach dem Urlaub zusendet. Wie leuchten die Augen dieser stolzen und freiheitsliebenden Menschen auf, wenn man begeistert von ihrer Insel spricht.

Wer in der Nähe einer Ortschaft sein Zelt aufschlagen möchte, der sollte höflichkeitshalber um Erlaubnis fragen. Eine Einladung wird oft folgen, denn für diese Menschen, die wirklich arm sind, stellt trotzdem auch heute noch die Gastfreundschaft das oberste Gebot dar.

Jedem Korsika-Reisenden fällt es auf, daß die gleichen Namen für Berge, Flüsse, Orte usw. auf den Karten – je nach Maßstab und Alter der Veröffentlichung – unterschiedlich wiedergegeben werden, z. B. »A Muvrella« statt »La Mufrella«.

Bei den neuen Namen handelt es sich um die korsische Schreibweise, die auf Drängen der Korsen in den Veröffentlichungen immer stärker berücksichtigt wird. Viele, der bisher verwendeten Namen sind Bestandteil der italienischen Sprache und diese soll trotz großer Ähnlichkeit mit dem Korsischen nicht mehr verwendet werden. In diesen kurzen Erläuterungen ist es nicht möglich, auf alle Eigenarten der korsischen Sprache einzugehen. Der Hauptunterschied ist aus der Geschlechtsbildung erkennbar:

Sprache	Maskuliner Artikel	Femininer Artikel
Italienisch	il	la
Korsisch	u	a

Zwei Beispiele:

Italienisch	Il cavallo	La casa
Korsisch	U cavallu	A casa

Daher wird die La Mufrella »A Muvrella« und der Capo Bianco »Capu Biancu« genannt.

Das »Korsische« ist eine romanische Sprache, die Teile sämtlicher Besatzungsmächte enthält. So sind griechische, arabische, spanische und französische Worte keine Seltenheit. Durch den ständigen und regional wechselnden Besatzungseinfluß erklärt sich die Tatsache, daß noch heute an die 8 verschiedene Dialekte gesprochen werden, die sich oft so unterscheiden, daß z. B. ein Capu Corsinu (Cap-Corse-Bewohner) den Dialekt eines Bunifazinu (Bonifacio-Bewohner) kaum versteht.

Die Umstellung auf die korsische Sprache wird mit Schwierigkeiten verbunden sein und vor allem sehr lange dauern. Die Förderung des korsischen Sprachgutes ist aber zur Zeit so aktuell, daß man daran nicht vorbeigehen kann.

9 Höhlen

Unter Bergsteigern gibt es viele Freunde der Speläologie. Aus diesem Grunde sei auch auf die Höhlen Korsikas besonders hingewiesen, da diese noch von vielen Geheimnissen umgeben und unerforscht sind. Es gibt sogar welche, die nicht einmal lokalisiert und deren Eingänge daher unbekannt sind. So soll bei Caparolino (an der N 193 nördlich von Corte) ein Höhlensystem beginnen, das in der Nähe von Castiglione am Traunata-Massiv endet. Dem Bürgermeister von Castiglione soll das Vorhandensein dieser Höhle bekannt sein, im Buch »Guide de la Corse mystérieuse« steht jedoch geschrieben: Der Beweis muß noch erbracht werden.

Die Meereshöhlen »Grottes des Veaux Marins« bei Calvi und »Grotte du Sdragonato« bei Bonifacio sind allgemein bekannt und werden mit Booten befahren.

Von den sagenumwobenen Höhlen im Landesinnern ist der Eingang der »Grotte von Piètralbello« relativ einfach zu finden. Die Lage der Höhle ist auch auf den Karten eingezeichnet. Von Ponte Leccia erst auf der N 197 etwa 2 Kilometer in Richtung L'Ile Rousse, dann auf der D 47/147 in Richtung Asco. Nach insgesamt 5 Kilometern – vor einer Brücke und Kurve – zweigt nach links ein Pfad ab. Auf diesem nach wenigen Schritten zu einigen behauenen Felsblöcken. An dieser Stelle halblinks in die Macchia hinein und auf spärlichen Pfadspuren zur ersten Baumgruppe hochsteigen, die nach etwa 5 Minuten erreicht ist. Links von einem größeren Baum befindet sich der ebenerdige und nicht geschützte Höhleneingang. Die Gänge dieses Höhlensystems sollen bis in die Gegend von Calvi führen.
Auskunft in allen Fragen der Speläologie:

Ligue Corse Spéléologique   (Da sich die Anschriften laufend
1, Av. Imperatrice Eugenie   ändern, Auskunft beim Parc Natu-
F–20188 Ajaccio/Corse   rel Régional de la Corse empfeh-
                               lenswert!)

10 Ski- und Firngleiterfahrten

Schon frühzeitig wurden die Berge Korsikas als großartiges Tourengebiet für den Sommer-Bergsteiger bekannt. Daß aber auch der Ski-

Fahrer interessante Abfahrten vorfindet, dürfte wohl erst seit den Berichten von D. Mühlschlegel (1953) im deutschen Sprachraum bekannt geworden sein. In den letzten Jahren haben sich Firngleiter für kombinierte Touren im späten Frühjahr und Sommer einen festen Platz unter den Bergsteigern erobert. Das trifft auch für Korsika zu. Welch Gegensätze hier: Hochgebirge, Skilauf und Meer. Es wird wohl auf der Erde nicht viele Plätze geben, die auf so engem Raum alles bieten können. Doch sind diese idealen Möglichkeiten mit einigen Schwierigkeiten verbunden.

An den Küsten Korsikas schneit es selten, doch schon bei 300 Meter kann im Januar/Februar eine geschlossene Schneedecke liegen. Die über 1000 Meter hoch gelegenen Pässe sind im Winter tief verschneit und manchmal nicht befahrbar. In den Bergen beträgt die Schneedecke um diese Zeit 1 Meter bis 2 Meter und auch mehr. Von Ende Januar bis Mitte März findet der Skifahrer die günstigsten Verhältnisse vor, so daß Abfahrten mit einer Höhendifferenz von 1200 bis 1600 Meter keine Seltenheit sind. Durch das Mittelmeerklima bedingt, treten später heftige Frühlingsstürme auf.

Wenn auch schon zahlreiche Ski-Hochtouren durchgeführt wurden, so waren es in der Regel doch Einzelunternehmungen, bei denen anschließend übereinstimmend festgestellt wurde, daß die Schwierigkeiten im Durchschnitt größer als in den Alpen sind. Schon der lange Anmarsch setzt eine gute Kondition voraus. Während im Sommer die Bergerien (Schafalpen) noch eine relativ gute Unterkunft gewähren, sind diese im Winter unter einer tiefen Schneedecke verborgen. Dafür erleichtern die neuen Hütten alle Unternehmungen im Winterhalbjahr, wenn diese trotz der Schneemassen noch sichtbar sind. Bei der Vorbereitung und Durchführung von Ski-Hochtouren in den Bergen Korsikas ist allergrößte Sorgfalt erforderlich. Schon der kleinste Fehler kann zu einer Katastrophe führen (vgl. Bericht »Skitourenland Korsika« von Rudolf Lindner, St. Ilgen/Hochschwab, in »Der Bergsteiger«, Heft 12/1977).

Zu den großartigsten Hochtouren zählt die Überschreitung des Cinto-Massivs von Calacuccia im Niolu zur Bergerie Manica im Norden des Monte Cinto (Calacuccia – Lozzi – dem Erco-Bach folgend zum Lac du Cinto mit anschließendem Aufstieg zum Hauptkamm).

Die Abfahrt vom Hauptkamm – über die Bocca Borba zur Bergerie Manica – wird als die schönste von ganz Korsika bezeichnet.

Der Monte Rotondo ist in den letzten Jahren fast zu einem Mode-Skiberg geworden. Aufstieg und Abfahrt entsprechen etwa der Sommerroute. Je nach Schneelage ist eine genußreiche Abfahrt mit einem Höhenunterschied von 1600 Meter möglich.

Auch in Korsika gewinnt der Wintersport von Jahr zu Jahr an Bedeutung, und wenn nur einige Pläne Wirklichkeit werden sollten, dann wird die Insel eines Tages zu einem lohnenden Ziel für die Winterurlauber vom Kontinent. Mit der Skistation »Haut-Asco« auf dem Plateau Stagnu im Stranciacone-Tal wurde der erste Schritt getan (2 Schlepplifte, Bungalows, Hotel-Restaurant mit Voll- und Halbpension). Zwei Skilifte befinden sich am Col de Verghio (Niolu). Unterkunft im Hotel »Castellu di Verghio«.

An der Ostseite des Renoso-Massivs entstand das Skizentrum von Ghisoni-Capannelle, das man von der Ostküste aus in 1 Stunde erreichen kann. Die neue D 169 führt von der D 169/D 69 durch den Casso-Wald in das Wintersportgebiet hinein.

Für den Bergsteiger und alpinen Skiläufer wird es vorerst günstiger sein, seine winterlichen Unternehmungen in den Alpen durchzuführen und erst dann nach Korsika zu fahren, wenn die Zeit für Firngleiter gekommen ist. Da im April noch oft Neuschnee fällt, für die Steilabfahrten aber ein guter Firnschnee Voraussetzung ist, dürften im Mai die idealen Verhältnisse vorherrschen, natürlich nur an den Nordhängen. In dieser Zeit lassen sich die Besteigungen vieler Gipfel mit genußreichen Abfahrten verbinden. Um keine falschen Vorstellungen aufkommen zu lassen sei erwähnt, daß es sich bei den meisten Firngleiterfahrten keineswegs um harmlose Rutschereien handelt, sondern die zum Teil sehr steilen Abfahrten sichere Fahrer voraussetzen. Dabei ist zu beachten, daß die tief in den Fels eingeschnittenen Rinnen plötzlich enden können, Schneezungen und Schneebrücken nicht mehr tragen. Ein Einbruch in die unter dem Schnee verlaufenden Bäche kann bekanntlich äußerst gefährlich werden.

Die interessantesten Möglichkeiten auf engstem Raum bietet der Stranciacone-Talschluß und vom Plateau Stagnu kann man gleich beurteilen, welche Steilrinnen befahrbar sind. Das verlockendste Ziel aller Ziele dürfte die Abfahrt von der West-Schulter am Capu Rosso (zwischen Capu Larghia und Punta Minuta gelegen) und weiter durch das Couloir von der Bocca di Pampanosa bis hinab in den Kessel von Trimbolacciu sein. Im Mai des Jahres 1966 haben Helga und Willi Meyer aus Neuötting u. a. auch diese grandiose Abfahrt durchgeführt und stellten ihre Erfahrungen in einer ausführlichen Ausarbeitung dem Autor dieses Führers zur Verfügung.

Zu den günstigsten Verhältnissen muß noch in einem Nachtrag gesagt werden, daß der meiste Schnee auch erst Ende April oder Anfang Mai fallen kann. Aus diesem Grunde ist vor jeder winterlichen Unternehmung eine fernmündliche oder schriftliche Anfrage bei den angegebenen Stellen empfehlenswert!

Auskunft

Ski-Club de la Corse
rue Cdt. l'Hherminier
F–20292 Bastia/Corse
Telefon 95/31.43.04

Hôtel »Castellu di Verghio«
F–20224 Albertacce/Corse
Telefon 95/48.00.01

Club Alpin Français
Section Corse
Résidence Highland
Avenue de Verdun
F–20188 Ajaccio/Corse

Hôtel »Le Chalet« Haut-Asco
F–20276 Asco/Corse
Telefon 95/47.81.08

Parc Naturel Régional
de la Corse
Palais Lantivy
F–20188 Ajaccio/Corse
Telefon 95/21.56.54

11 *Anreise und Verkehrsmöglichkeiten*

Die Prospekte der großen Reiseunternehmen beweisen, daß Korsika seit Jahren ein beliebtes Reiseziel ist. Das haben Wanderer und Bergsteiger schon wesentlich früher erkannt.

Bei den ausgezeichneten und modernen Verkehrsmitteln ist auch eine Insel leicht erreichbar. Die Vielzahl der Möglichkeiten ist aus den allgemeinen Reiseführern ersichtlich. Mit dem Flugzeug nach Ajaccio, Bastia oder Calvi.

Schiffsverbindungen von Frankreich nach Korsika:
Nach Calvi, L'Ile Rousse und Bastia im Norden, Ajaccio und Propriano im Süden der Insel.

Agentur: Karl Geuther, Heinrichstraße 9, D-6000 Frankfurt/Main.

Auskunft und Prospektanforderungen über Korsika an: Amtliches Französisches Verkehrsbüro, Pressestelle, Westendstraße 47, D-6000 Frankfurt/Main sowie beim Reisedienst des ADAC. Weitere Angaben in den allgemeinen Reiseführern, auch für Österreich und die Schweiz.

Schiffsverbindungen von Italien nach Korsika:
Sehr angenehm ist die Überfahrt mit den Fährschiffen von »corsica ferries« (Sogedis Voyages). Restaurants, Bars usw. stehen allen Reisenden zur Verfügung (keine Einteilung in Klassen). Auf den Schiffen sowie in den Büros der Hafenstädte wird deutsch gesprochen.
Agentur: »SOGEDIS VOYAGES«, 5 bis rue Chanoine-Leschi, F-20294 Bastia/Corse.

Buchungen bei den Agenturen und Reisebüros (preisgünstigste Buchung im Hafen; in der Saison nicht empfehlenswert, da u. U. Wartezeiten von einigen Tagen).

Die beliebtesten Schiffsverbindungen von Frankreich nach Korsika
Nizza – Calvi   Nizza – L'Ile Rousse   Nizza – Bastia

von Italien
u. a. La Spezia – Bastia   Livorno – Bastia
Savona – Bastia oder Savona – Calvi

sowie weitere Möglichkeiten in der Saison. Ausführliche Informatio-

nen in den Prospekten der Agenturen und in den allgemeinen Reiseführern. Preisvergleiche können sich als sehr nützlich erweisen!

Aus diesem Grunde die Hinweise auf *weitere Verbindungen* von
Livorno nach Bastia durch »trans tirreno express« und von Piombino
nach Bastia durch »NAV.AR.MA«-Lines.

Auf allen genannten Linien verkehren nur Fährschiffe (keine
Kranverladung der Autos!), so daß die Mitnahme des eigenen Autos
eine reine Kostenfrage ist. Wer also die Insel richtig kennenlernen
will und beweglich sein möchte, für den wird das eigene Auto von
großem Vorteil sein. Mietwagen in allen größeren Orten.

Ein gutes Omnibusnetz verbindet fast alle Orte miteinander und
schafft die Voraussetzung dafür, daß der Tourist seine Reise nach
Belieben gestalten kann. Interessant ist eine Fahrt mit der korsischen
Schmalspurbahn, die den Namen »Feuriger Elias« erhalten hat. Sie
verbindet die beiden größten Städte Bastia und Ajaccio. Eine Zweig-
linie führt vom Verkehrsknotenpunkt Ponte Leccia nach Calvi. Mit
dieser Bahn und Taxi kann der Wanderer und Bergsteiger so manches
Ziel erreichen: z. B. von Corte das Restonica-Tal und von Ponte
Leccia das Asco-/Stranciacone-Tal.

Dem Autofahrer sei gesagt, daß Korsika nicht umsonst auch die
»Insel der 10 000 Kurven« genannt wird. Nur die Straße entlang der
Ostküste gestattet hohe Geschwindigkeiten. Die anderen sind zwar
durchweg gut, mit einem Belag versehen, werden auch weiter ausgebaut, doch wird man in den seltensten Fällen über eine Durch-
schnittsgeschwindigkeit von 30 Kilometer in der Stunde kommen.
Außerdem haben Schweine, Esel und Ziegen Vorfahrt!

Das vorsichtige Fahren gibt dem Reisenden wiederum die Gelegenheit, die reizvolle Landschaft besser zu erkennen und er wird
bereits nach den ersten Tagen feststellen, daß die Berichte zahlreicher
Illustrierten auf keinen Fall stimmen, denn außer FKK gibt es noch
viel, viel mehr auf Korsika. Wer einmal diese Insel besucht hat, der
wird immer wieder zu ihr zurückkehren, denn Korsika ist in der Tat
mehr als nur eine Reise wert.

Nord-Korsika

12 *Cap Corse*

Alle Landschaftsformen der Insel sind auf dem Cap Corse noch einmal vereint und gerade dadurch wird eine Rundfahrt zu einem beeindruckenden Erlebnis, dessen Krönung aber die Besteigung eines Gipfels darstellt.

Von Norden nach Süden durchzieht ein hoher Gebirgskamm die Halbinsel, der sich vorwiegend aus mesozoischen und tertiär kristallinem Schiefer zusammensetzt. Dieser Hauptkamm bildet auch hier die Wetterscheide, von dem nach allen Seiten eine Vielzahl von Seitenkämmen hinabziehen. Der höchste Berg des Cap Corse ist der Monte Stello (1307 m), der neben dem Monte Alticcione (1139 m) am häufigsten erstiegen wird. Die anderen Gipfel sind touristisch weniger interessant.

13 *Monte Stello (1307 m)*

Von Bastia auf der D 80 (7 km) bis kurz vor Lavasina, dann nach links auf der D 54 nach Silgaggia (8 km), dem günstigsten Ausgangspunkt für eine Besteigung des Monte Stello. Kleines, gemütliches Restaurant; Zeltmöglichkeit vorhanden. Da der Aufstieg von Osten her erfolgt, spätestens um 5.30 Uhr aufbrechen.

Zwischen dem ersten Haus rechts der Kirche und der nächsten Hausruine beginnt ein guter Pfad. Etwa 3 Minuten auf diesem entlang, dann die rechts oben liegende Terrasse ersteigen und über eine kleine Wiese hinweg zu dem vor einem liegenden Steinhaus. Auf guten Pfadspuren durch die Macchia zu einem mächtigen, alleinstehenden Felsen (25 Minuten). Vom Felsen nach Nordwesten halten, den Wassergraben (links) nicht überschreiten, wenn auch Pfadspuren zu diesem führen. Die Macchia ist nicht zu dicht, so daß die angegebene Marschrichtung (NW) durchweg eingehalten werden kann. Nach Durchquerung der Macchia-Fläche (¾ Stunde) beginnt der etwas mühsame Aufstieg (dem Gestrüpp unbedingt ausweichen) zu dem vor einem liegenden Höhenrücken, der in etwa zwei Stunden rechts von der Bocca di Catèle erreicht wird. Nun nach links und durch angenehmes Gelände – zum Schluß über Felsen hinweg – in etwa 30 Minuten zum Gipfel.

Vom höchsten Punkt des Cap Corse eine großartige Aussicht nach allen Seiten, vor allem auf die Halbinsel selbst mit ihrer Ost- und Westküste und ins Landesinnere hinein zum Cinto- und Rotondo-Massiv.

Auf dem gleichen Weg zurück oder noch lohnender und eindrucksvoller folgende Überschreitung:

Vom Gipfel am Felsgrat entlang etwa 10 Minuten nach Süden, dann nach Südosten (kurze Kletterstellen, II; Umgehung möglich). Nach weiteren 35 Minuten ein markanter Sattel. Der nun folgende Monte a Poni (991 m) wird von rechts angegangen und über Terrassen in Serpentinen erstiegen. Vom Sattel in 10 bis 15 Minuten zu dieser einmaligen Aussichtskanzel über dem Meer mit dem Blick auf die Ostküste bei Bastia. Zurück zum Fuß des Berges. Nun dem Gratrücken folgend erst nach Süden, dann hinab nach Südosten zu einem markanten Felsturm (20 Minuten). Rechts (südlich) des Turmes beginnt ein gut erhaltener Pfad, der auf der Westseite des Höhenrückens – also nicht unmittelbar auf ihm – entlangführt und nach einer ¾ Stunde an einem verfallenen Steinhaus unterbrochen wird. An diesem ist die Fortsetzung des Pfades nicht leicht zu finden, der sich jetzt nach links (NO) wendet und oberhalb der Häuser von Pòzzo – fast auf gleicher Höhe bleibend – verläuft. In etwa 15 Minuten zu einem an der Straße nach Silgaggia gelegenen Steinbruch. Zwischen dem Steinbruch (rechts) und einer Bergerie (links) auf Pfadspuren hinab auf die D 54, auf der Silgaggia in 15 Minuten erreicht ist.

Silgaggia – Monte Stello: 2,5 Stunden.

Monte Stello – Überschreitung – Silgaggia: 2,5 bis 3 Stunden.

Gesamtzeit 5½ bis 6 Stunden.

Höhenunterschied etwa 1000 m (bei der Überschreitung nur kurze Gegenanstiege).

IGN-Karten 1 : 100 000 »Corse Nord« Nr. 73, 1 : 50 000 Blatt Bastia Nr. 43/48 oder

1 : 25 000 Blatt Bastia ouest Nr. 43/48.

14 *Monte Alticcione (1139 m)*

In älteren Veröffentlichungen werden die Anstiege von Osten her, von Lapedina aus empfohlen oder sogar von dem tiefgelegenen Pietracorbara. Da die Bewohner von Lapedina ihre Häuser in den letzten Jahren zum größten Teil verlassen haben und die Terrassen-Kulturen von der Macchia überwuchert sind, sind auch die Pfade kaum noch zu finden und der Anstieg von Osten äußerst unangenehm. Wesentlich günstiger (ohne Macchia) ist der Aufstieg über den gut 4 Kilometer langen Nordostgrat.

Von Pino an der Westküste auf der D 180 über den Col de Sta. Lucia nach Piazza, anschließend auf der D 32 zum Col de la Serra oder von Osten kommend – ebenfalls auf der D 180 – durch das Tal von Luri zum genannten Paß. Zwischen diesem und dem Weiler Carbonacce steht an der rechten Straßenseite eine markante Grabkapelle*. Von dieser nach Westen zu einem Höhenrücken, der ein Ausläufer des Nordostgrates des Monte Alticcione ist. Ohne Orientierungsschwierigkeiten über den Monte Sant' Angelo (853 m) hinweg und dem Nordostgrat stets folgend in 2,5 bis 3 Stunden gleichmäßig ansteigend zum Gipfel. Die Aussicht ist nicht so überwältigend, wie die vom Monte Stello.

Abstieg Auf dem gleichen Weg zurück.

Höhenunterschied etwa 900 m.

IGN-Karten 1 : 100 000 »Corse Nord« Nr. 73

1 : 50 000 Blatt Luri Nr. 43/47 oder

1 : 25 000 Blatt Luri Nr. 43/47.

Empfehlenswerte Variante
Von der markanten Grabkapelle nicht bis zum erwähnten Höhenrücken, sondern nur bis zu einer relativ neuen Trasse, die aus dem Süden – von Carbonacce – heraufkommt, dann kurz nach Westen verläuft und östlich des Hauptkammes zuerst die Richtung Südwest und dann Süden einnimmt. Die Trasse endet unterhalb des Monte Sant' Angelo und vermittelt einen günstigen Anmarsch. Zum Monte Sant' Angelo direkt hochsteigen oder zum Hauptkamm südlich vom Gipfel. Anschließend nach Süden zum Monte Alticcione.

Die Trasse ist auf den neuen IGN-Karten 1 : 25 000 und 1 : 50 000 eingezeichnet.

15   *Castagniccia*

Das Bergland südwestlich von Bastia wird von den Korsen liebevoll Castagniccia genannt. Die ausgedehnten Kastanienwälder bilden eine Parklandschaft, die vor allem im Herbst zum schönsten Gebiet von Korsika zählt. Enge und kurvenreiche Straßen verbinden die Dörfer miteinander, die wie Adlerhorste und Festungen auf den Bergkuppen thronen. Die Castagniccia war neben Corte das Herz des Widerstandes gegen die Fremdherrschaft der Kontinentalmächte und gleichzeitig Zentrum der korsischen Geschichte und Kultur.

Die neue Zeit hat die einst blühende Hausindustrie vernichtend getroffen, so daß die Bewohner heute nur noch Hilfe durch einen verstärkten Fremdenverkehr erwarten können, der leider die vielen Möglichkeiten noch nicht erkannt hat. Neben zahlreichen Wanderpfaden, die zu angenehmen Spaziergängen einladen, befinden sich hier die berühmten Mineralquellen von Caldane und Orezza.

Geologischer Aufbau der Castagniccia: Mesozoische und tertiäre kristalline Schiefer sowie Diorite und Diabase, die vorwiegend im Westen vorkommen. In der Nähe des Col d'Arcarota wird der überaus wertvolle grüne Marmor »verde di Corsica« gebrochen, der u. a. zum Bau der Säulen der Pariser Oper verwendet wurde.

Nach den neuen Karten 1 : 25 000 und 1 : 50 000 ist der schönste Aussichtsberg Korsikas, der Monte San Petrone mit 1767 Metern auch die höchste Erhebung der Castagniccia, dessen Besteigung, mit einer Rundtour verbunden, besonders lohnend und empfehlenswert ist.

16   *Monte San Petrone – 1767 m*

Die Besteigung nicht von Piedicroce, Campodonico oder Campana aus beginnen, sondern von dem höher gelegenen Col de Prato.

Auf der D 71 zum Col de Prato (985 m). An der Bar du Col Ruine (Markierung am Haus z. Z. mit roter Farbe »S. Petrone«) rechts vorbei und etwa 50 Meter nach Süden, anschließend auf einem Waldweg nach Südwesten, auf dem nach 15 Minuten ein Höhenrücken überschritten wird (Punkt 1054). An dieser Stelle den mittleren der drei Wege nehmen, der rot markiert ist und nach Süden wandern.

Der Hauptweg führt durch einen herrlichen und vor allem schatten-spendenden Buchenwald in 40 Minuten zu einer freien Fläche mit Terrassen und Kastanienbäumen.

Weiter in südlicher Richtung und bald danach einen Wasserlauf queren, der von der Quelle »Funtana Maio« herabkommt. Auf der anderen Seite steigt der Pfad bis zu einem Sattel an. Kurz davor (links) eine gefaßte und abgedeckte Quelle. Hier *nicht* nach links in den Wald hinein. Auf dem Pfad bleiben, bis er links vom Punkt 1207 wieder einen kleinen Sattel erreicht. Erst an dieser Stelle nach links in den Wald hinein und halbrechts den Steinmännern und den immer deut-licher werdenden Steigspuren nach. Der Pfad steigt erst nach Süd-osten an, verläuft dann nach Süden, teilweise auf gleicher Höhe blei-bend. Nach einer ¾ Stunde (links) die durch eine hohe Steinmauer gefaßte Quelle »Funtana di e Teghie«. Rechts an der Quelle vorbei und weiter in südlicher Richtung. Etwa 5 Minuten danach erreichen wir eine große freie Fläche, die nach rechts hinabzieht. (Den Pfadver-lauf für einen eventuellen Abstieg in Richtung Col de Prato genau einprägen.)

In der Aufstiegsrichtung durch den Wald, der nach 10 Minuten durch ein größeres Plateau unterbrochen wird.

Auf dem Plateau erst kurz nach Osten, dann den Steinmännern fol-gend nach Norden wieder in den Wald hinein. Die Steigspuren gehen wieder in einen guten Pfad über. Zum Schluß in steilen Serpentinen zum felsigen Gipfelaufbau. Vorher eine kleine Lichtung, auf der man sich beim Abstieg leicht verirren kann. Die Lichtung geradeaus ansteigend queren und sofort nach links halten (Steinmänner). Unmittelbar vor den steilen Felsen nach rechts durch eine Rinne zum Gipfelgrat hinauf. – u. a. Gipfelkreuz –.

Col de Prato – Monte San Petrone: 2,5 bis 3 Stunden.

Vom Gipfel auf dem gleichen Weg zurück zum Plateau. Bei der Überschreitung den Steinmännern und Steigspuren nach in etwa 15 Minuten zu der im Süden des Berges gelegenen und gut sichtbaren »Bocca di San Petro« (kurz vorher eine Bergerie).

Die Aussicht von der Scharte zum Hauptkamm der korsischen Berge – vom Monte Padru (2390 m), dem Nordostbollwerk, bis zum letzten Zweitausender im Süden der Insel, dem Monte Incudine

(2134 m) – ist im Frühjahr so faszinierend, daß der Verfasser diese als die schönste von Korsika bezeichnen möchte.

Von der Scharte auf Pfadspuren nach Osten. In wenigen Minuten zu den »Cabanes de Favalta« (auf den Karten nicht eingezeichnet). Hier den Wasserlauf queren und nur kurze Zeit am orographisch linken Ufer bleiben. Weiter zu einem Sattel vor dem Punkt 1242, anschließend in nordöstlicher Richtung sehr angenehm durch übersichtliches Gelände hinab nach Campana an der D 71. Restaurant. Auf der Straße zurück zum 7,5 Kilometer entfernten Ausgangspunkt auf dem Col de Prato.

Col de Prato – Monte San Petrone: 2,5 bis 3 Stunden.

Monte San Petrone – Campana: 2,5 Stunden.

Höhenunterschied

Col de Prato – Monte San Petrone: 782 m;

Monte San Petrone – Campana: 1020 m.

IGN-Karten 1 : 100 000 »Corse Nord« Nr. 73

1 : 50 000 Blatt Corte Nr. 42/50 oder

1 : 25 000 Blatt Corte est Nr. 42/50.

vgl. Seite 176.

17 *Wanderungen in der Balagne*

Die Einfahrt in den Golf von Ajaccio ist ein Erlebnis, in den von Calvi jedoch wesentlich schöner. Schon lange vorher taucht die Felseninsel Korsika wie eine Vision aus den blauen Fluten des Mittelmeeres empor. Die Berge des Cinto-Massivs bilden mit ihren bis in den Sommer hinein vorhandenen Schneefeldern eine grandiose Kulisse. Beim Näherkommen werden dann allmählich Einzelheiten erkennbar. Wie kleine Festungen thronen die Dörfer auf den Kuppen und an den Hängen dieses Berglandes und boten einst Schutz vor den zahlreichen Überfällen der Seeräuber. Nur die wichtigsten Küstenorte, wie Calvi und Algajola waren stark befestigt, L'Ile Rousse kam wesentlich später dazu. Die landschaftlichen Schönheiten der Balagne und die herrlichen Buchten mit ihren Sandstränden waren die beste Voraussetzung für eine erfolgreiche touristische Entwicklung Nordwest-Korsikas.

Der Tourist, der nur am Strand bleibt, der wird Korsika niemals kennenlernen. Mit den folgenden Wandervorschlägen wird der Versuch unternommen, auch den Normal-Touristen vom Strand wegzulocken. Die Balagne ist dafür bestens geeignet. Rolf Benker (Nürnberg), ein großer Freund Korsikas, ein Freund der Balagne, hat die vorgeschlagenen Routen mit seiner Familie erwandert. Der Autor des Führers ergänzt diesen Abschnitt mit den Beschreibungen der lohnenden Bergtouren zum Capu di a Veta (703 m; Hausberg von Calvi) und zum Monte Tolu 1332 Meter, der von dem einmalig schön gelegenen Speloncato aus erstiegen wird.

Zwischen dem Desert des Agriates und dem Wald von Filosorma liegt die Balagne. Indessen die Balagne deserta (südwestlich von Calvi) landwirtschaftlich kaum genutzt werden kann, wird der übrige Teil als Garten Korsikas bezeichnet. Die Bäche »Regino«, »Secco« und »Ficarella« bilden in ihrem Auslauf großflächige Anbaugebiete für Wein, Obst und Gemüse. Durch den Stau des Regino-Baches soll die Bewässerung der landwirtschaftlichen Nutzflächen über das Frühjahr hinaus gesichert werden. Auch an den Hängen der Berge sind die Reste alter Kulturen von Oliven, Mandeln und Maulbeeren zu sehen, die heute teilweise verwildert erscheinen. Tatsache ist, daß hinter dem Gestrüpp zahlreiche Gärten verborgen liegen, die im Frühjahr zum größten Teil bebaut werden, im Sommer dagegen braun gefärbt und vertrocknet sind.

Zahlreiche Eselspfade verbinden die so malerisch gelegenen Bergdörfer miteinander. Häufig sind es Hohlwege, eingesäumt mit Sträuchern von Brombeere, Cistrose, Lavendel, Steineiche, Erdbeerbaum, Schlehe und weiteren Sträuchern der Macchia. Es ist ein Labyrinth von Wegen, in dem man eben die Hauptrichtung auf die gewünschte Ortschaft einhalten muß, und das ist mit das Interessante an diesen Wanderungen. Die uralten Pfade und Wege zwischen den Dörfern der Balagne werden in der heutigen Zeit immer mehr verändert. Die unbenutzten überwuchert die Macchia, die anderen werden von den Straßen durchschnitten. In den letzten Jahren ist dieses Land in stetiger Veränderung begriffen. Ob immer zu seinen Gunsten, das mag dahingestellt bleiben. Viel Romantisch-Idyllisches wird schon in wenigen Jahren verschwunden sein. Wer sich noch ein Naturempfinden bewahrt hat, dem wird auf den einsamen Wegen viel begegnen.

Neben den Sträuchern der Macchia wird er die zahlreichen Eidechsen und Käfer beobachten, große Libellen stellen sich zur Schau und zwischen 8 und 9 Uhr kommen die Schafe oder Ziegen die Hohlwege herab und ziehen zur Tränke an die im Sommer fast trockenen Bäche. Hunde umkreisen die Herde und der Hirte auf dem Esel sitzend gibt einige antreibende Zurufe. Zur gegebenen Zeit werden aus den Bächen Jungaale geholt.

Ein frühzeitiges Aufbrechen ist auch bei diesen Unternehmungen empfehlenswert. Man sollte auch nicht vergessen, gute Wanderschuhe anzuziehen. In der Mittagszeit ist es sehr heiß und da suchen auch die Tiere Schutz unter den schattenspendenden Oliven oder Eichen. Ein Aufenthalt in den Bergdörfern, die in der bewegten Geschichte Korsikas eine bedeutende Rolle spielten, ist nicht nur wegen der korsischen Küche lohnend, sondern auch wegen der vielen Kirchen und Klöster.

Wanderstrecken lassen sich kombinieren und die angegebenen Zeiten je nach Wandergewohnheit leicht über- oder unterschreiten. Wird eine Rundwanderung zuviel, so ist es empfehlenswert, sich vom Endpunkt mit einem Taxi wieder zurückfahren zu lassen. Ist keines am Ort, so kann man es fernmündlich von L'Ile Rousse, Calvi oder Lavatoggio anfordern. In einigen Fällen kann man auch die Bahnstrecke erreichen und mit der Kleinbahn zum Ausgangspunkt zurückfahren. Nicht immer läßt es sich bei diesen Wandervorschlägen vermeiden, ein Stück die Straße zu benutzen. Abgesehen von der Straße zwischen Calvi – Algajola – L'Ile Rousse, welche sehr stark frequentiert ist, handelt es sich um einfache und wenig befahrene Sträßchen, auf denen das Wandern noch Spaß macht.

Einige Wandervorschläge seien nachstehend aufgeführt, von denen ein Teil genau beschrieben wird. Ausgangspunkt für die beschriebenen Wanderrouten ist Algajola, das von allen Feriendörfern und Hotels zwischen Calvi und der Bucht von Lozari mit den öffentlichen Verkehrsmitteln (Bus oder Bahn) mehrmals am Tage erreicht werden kann.

Algajola – Lavatoggio – Lumio – zur Bahnstrecke und mit der Schmalspurbahn (Feuriger Elias genannt) zurück.

Algajola – Lavatoggio – Bocca di Salvi – Montemaggiore – Calen-
zana – und mit dem Auto oder Bus retour (Tagesausflug).
Algajola – (Torre) – Aregno – Lavatoggio – und mit dem Auto
retour (Halbtagestour).
Algajola – Aregno – San Antonino (hier eventuell längere Mit-
tagspause) – Kloster Corbara – Algajola (Tagestour).
Algajola – Aregno – San Antonino – Kloster Corbara – vom Klo-
ster über den Berg nach Santa Reparata – Monticello – L'Ile
Rousse (Tagesausflug).
Algajola – Corbara – Algajola (Halbtagesausflug).
Algajola – Corbara – Kloster Corbara – Pignia – Algajola.

Ausflug in die Hohe Balagne: wegen der Entfernung nur mit
Auto möglich.
a) Avapessa – Muro – Feliceto.
b) Speloncato – Ville di Paraso – Costa – Belgodere oder ins Re-
gino-Becken hinabsteigen.

Algajola – Aregno
In Algajola steigt man das Sträßchen hoch, welches gegenüber
der Post die Bahn quert, bis zum Friedhof. Dort nach links abbie-
gen. Von diesem Weg wird der Blick oft hinabschweifen zur weiten Bucht von Algajola.
Nach vielleicht 10 Minuten ist die kleine Straße nach Aregno
erreicht (wenig befahren). Die Straße ist etwa ¼ Stunde zu verfolgen. Rechts passiert man die alte Kapelle von Annunciata. Über
eine Brücke geht die Straße weiter, bis sie einen Wasserlauf
erreicht und dort eine Wendung landeinwärts macht.
Morgens kommen hier die Schäfer mit ihren Tieren zur Tränke.
Weiter geht's auf der Straße noch ein kurzes Stück, bis der Bach
die Straße quert. Gleich nach der kleinen Brücke nach links ein
steiniger Hohlweg durch Gärten und Oliven, auf dem man nach
Aregno gelangt. Einige Wege zweigen ab. Hält man sich stets
rechts, erreicht man die Straße direkt unterhalb des Ortes, quert
diese und steigt im Dorf zum Platz unterhalb der Kirche hoch.
Kurz vorher führt der Weg am Brunnen und Waschhaus von

Torre vorbei. Hier nach links aufsteigend nach Torre und weiter auf der Straße nach Aregno.
1 bis 1½ Stunden.

Aregno – St. Antonino

Oberhalb des Ortes (an der Straße von Torre her) liegt der Friedhof mit der romanischen Kirche »de la Trinité« aus verschiedenfarbigem Granit. Links an der Kirchhofmauer emporsteigend beginnt der Fußweg nach St. Antonino, einem maurisch anmutenden Dorf auf einer Bergkuppe gelegen. Der Ort ist stets sichtbar, der Weg also nicht zu verfehlen. Manchmal ist er etwas steil und im oberen Teil etwas steinig und ohne Schatten. Im Ort Möglichkeit für eine Vesperpause oder Mittagstisch mit korsischen Gerichten. Etwa 30 bis 40 Minuten.

St. Antonino – Kloster Corbara

Die Kirche liegt außerhalb und gleichzeitig unterhalb des Ortes. Links am Hang erkennt man einige Grabkapellen. An diesen geht man vorbei und findet so sicher den Weg, der um den Hang bis zum Kloster führt. Der Blick über die ganze Küstenlandschaft und später auf das Kloster belohnt den Wanderer mehr als reichlich.
Besuch des Klostergartens und der Kirche ist zu empfehlen. Die Patres sind gern zu einem Gespräch bereit und den Deutschen werden sie sicher erzählen, daß in beiden Weltkriegen hier zahlreiche Deutsche zivilinterniert waren.
30 bis 40 Minuten.

Kloster Corbara – Corbara (Ort)

Hier läßt es sich nicht vermeiden, die Straße zu benutzen, dafür lohnt dann der Weg von Corbara absteigend wieder sehr. Der Abstiegsweg, der nachstehend in umgekehrter Richtung beschrieben ist, wird in Corbara unterhalb der Straße erreicht. Man suche unterhalb des Ortes das Waschhaus und wähle dann den rechten Weg absteigend.
In Corbara selbst nicht versäumen, den oberen Ortsteil zu

besichtigen. Neben der alten Kapelle des Schlosses der Guido herrlicher Ausblick zur Küste und in die Talebene hinab.

Kloster Corbara – Sta. Reparata – Monticello – L'Ile Rousse
Kurz bevor der Weg von St. Antonino kommend das Kloster erreicht (rechts von der Klosterkirche), ist ein kleines Hinweis-schild zu entdecken »nach Sta. Reparata«. Über die Cima di San Angelo (etwa 1 Stunde Aufstieg) führt der Pfad nach Santa Repa-rata. Von hier lohnt der Weg auf der wenig befahrenen Straße bis nach Monticello (Brunnen am Wege), von wo aus man auf ver-schiedenen Pfaden nach L'Ile Rousse absteigen kann.
2 bis 3 Stunden.

Algajola – Lavatoggio
Zuerst wie nach Aregno (vgl. Algajola – Aregno). Man verfolgt jedoch die Straße nach Aregno noch ein Stück weiter, bis sie eine große Linksbiegung macht. (Links einige Ferienhäuser.) Nicht nach links halten, sondern den geradeaus abzweigenden Pfad wählen. Es ist ein relativ steiler und steiniger Hohlweg. Nach etwa 10 Minuten mündet von links ein weiterer Weg, der von Aregno kommt. Der Ausblick auf diesen Ort hinüber ist beein-druckend. Kurz nach dieser Stelle ist der nach rechts abzwei-gende Weg zu wählen. Man erreicht eine recht malerische und alte, leider verfallene Olivenmühle. Große Kastanienbäume beschatten sie und davor ist wieder der Blick frei über die weite Tallandschaft. Man steigt weiter und zweigt wieder auf einem Weg nach rechts ab und erreicht so Lavatoggio beim Waschplatz und Brunnen.

Algajola – Corbara und retour
Die Küstenstraße, von Algajola kommend, in Richtung L'Ile Rousse, überquert in Höhe des Bungalow-Dorfes l'Escale die Bahn, führt über eine kleine Brücke, alles in ziemlich geradlini-ger Strecke. Nach knapp 3 Kilometer von Algajola steht auf der rechten Straßenseite ein einfaches Hinweisschild »Corbara«. Ein einfacher Fahrweg zweigt rechts von der Straße ab. Einige

Schritte auf diesem Weg, lohnt es sich vielleicht noch kurz auf einem nach rechts abzweigenden Pfad das Kirchlein »San Cipriano« zu besuchen. Die Felder ringsum waren im 17. Jahrhundert Schauplatz einer Schlacht mit den »Barbaren«, die Algajola überfallen hatten. Dann aber zurück auf den ursprünglichen Weg, diesen verfolgen. Er biegt dann links ab. Ein altes Holzschild »Sentier per Corbara« steht noch am Rande. Der Weg – von Brombeeren umsäumt – zwischen Ackerland hindurch – wird zum Hohlweg. Eine alte steinerne Hirtenhütte steht am Wege. Eine breite Fuhre, die noch einmal auftaucht, wird nicht verfolgt, sondern gequert. Von da an ist dann der Eintritt in die wild verwucherte Hügellandschaft typisch für die Balagne. Der Weg, vorwiegend tief eingeschnitten, führt nach einer Rechtsbiegung an einem idyllischen Brunnen vorbei. Corbara bleibt stets links sichtbar, nach rechts wird der Blick freigegeben auf Pignia und dahinter auf St. Antonino. Beim Brunnen und Waschhaus ist dann wieder der Ort erreicht. Nach einer gemütlichen Besichtigung des Ortes ist dann die Straße nach Santa Reparata zu wählen. Kurz nach dem Ortsausgang fällt links ein großer Privatbesitz auf einem Hügel auf. Der Blick geht von hier hinab bis L'Ile Rousse. Kurz vor der Einfahrt zu diesem Anwesen, weiter auf dem nach links absteigenden Eselspfad. Links kommt noch einmal ein Brunnen, zweimal wird die in Kehren verlaufende Fahrstraße gequert, bis man etwa ½ bis 1 Kilometer vom Ausgangspunkt der Wanderung wieder die Hauptstraße erreicht.

IGN-Karten 1 : 100 000 »Corse Nord« Nr. 73
1 : 50 000 Blatt Calvi Nr. 41/49 oder
1 : 25 000 Blatt Calvi est Nr. 41/49.
vgl. Seite 176.

18 *Monte Tolu (1332 m)*

Speloncato, der schönste Ort der Balagne, ist auf einer kurvenreichen Straße gut erreichbar. Man muß schon einige Stunden in diesem Ort verweilen, um das Leben und Treiben der Bewohner beobachten zu können. Besonders interessant ist ein Spaziergang durch die steilen Gassen zum höchsten Punkt über dem Ort, einem Felsen, dessen

Monte Tolu

☑ = Bergerie

Speloncato

Ersteigung mit einer kurzen Kletterei verbunden ist. In den Abend-
stunden erstrahlt die Umgebung meistens in einer zauberhaften
Beleuchtung. Doch die allerschönste Aussichtswarte ist der im
Süden von Speloncato gelegene Monte Tolu. Durch die Straße
von Speloncato nach Olmi-Cappella wird der Anmarsch um eine
¾ Stunde verkürzt. Vom Brunnen im Zentrum von Speloncato
– im Süden – beginnt zwischen zwei Häusern die Straße (z. Z. noch
ohne Hinweisschild!). Nach rund 3 Kilometern wird der Bau einer
Bergerie sichtbar, kurz danach (links) gute Parkmöglichkeit. In der
letzten Kehre *vor* der Bergerie dem kleinen Bachlauf folgend zu den
ersten Bäumen. – Ideales Gelände für ein Frei-Biwak. – Von dieser
Stelle direkt nach Süden hochsteigen, bis die ersten Felsen erreicht
sind. Danach rechtshaltend den Höhenrücken überschreiten. Den
anschließenden, mit Felsen durchsetzten Hang aufwärts bis zum
Sattel (etwa 1200 m) nordöstlich des Monte Tolu ersteigen (¾ Stunde
von der Bergerie). Vom Sattel in einem Bogen nach rechts zum Nordwestgrat des Berges und über diesen in leichter Kletterei nach links
zum Gipfel (½ Stunde).

Variante: Von Speloncato mit dem Auto bis zur Bocca di à Battaglia. Vom Paß nach Südwesten. Pfadspuren und Steinmänner kennzeichnen bestens den Verlauf der Route, die bis zum Sattel vor dem Monte Tolu immer auf dem Gratrücken entlangführt. Gesamtzeit für diese sehr empfehlenswerte Variante nur etwa 1 Stunde. Während der gemütlichen Wanderung – bei gutem Wetter – herrliche Aussicht nach allen Seiten, vor allem zur Nordwestküste.

Die Aussicht vom Monte Tolu kann als einmalig bezeichnet werden. Schon wegen dieser ist eine Besteigung des Berges mehr als nur eine zu empfehlende Tour. Es ist eigentlich die Krönung für einen Urlaubsaufenthalt in der Balagne, auf die man vom Gipfel herabblickt. Dazu kommt noch die Fernsicht zur reizenden Küste und das offene Meer. Im Osten steht der mächtige Monte Padru und dazwischen das Tartagine-Tal. Im Hauptkamm nach Süden: Punta Accennata 1323 Meter, San Parteo 1680 Meter, Cima Gazelle 1622 Meter. Speloncato (von der Bergerie): etwa 1¼ Stunden.

Höhenunterschied etwa 350 m.

Abstieg

Vom Gipfel auf dem Nordwestgrat bis zu einer Scharte (schöner Blick auf Calvi). Den folgenden Aufbau links umgehen (im direkten Gratverlauf Steilabbruch). Anschließend wieder dem Gratverlauf folgend – kurze und angenehme Kletterstellen können auch umgangen werden – absteigen. Nach etwa 30 Minuten geht der Felsgrat in einen Höhenrücken über. Vom Fußpunkt der Felsen auf einem wohl meistens grünen Kamm nach rechts haltend pfadlos durch niedriges Gestrüpp zu einem schon von oben sichtbaren Pfad, der zu einer Quelle führt. Den Pfad verfolgen, zum Schluß nach rechts zur Bergerie.

Abstiegszeit 1 bis 1½ Stunden.

Durch den ständigen Blick auf Speloncato und die Küste wird dieser Abstieg zu einem beglückenden Erlebnis.

IGN-Karten 1 : 100 000 »Corse Nord« Nr. 73

1 : 50 000 Blatt Calvi Nr. 41/49 oder

1 : 25 000 Blatt Calvi est Nr. 41/49.

vgl. Seite 176.

19   *Capu di a Veta (703 m), der Hausberg von Calvi*

Über die alte Festungsstadt Calvi wird in allen Reiseführern ausführlich berichtet. Durch ihre dominierende Lage wurde die Stadt zum Zentrum des Fremdenverkehrs in Nordwest-Korsika. Die Lage von Calvi mit dem gleichnamigen Golf muß man als faszinierend bezeichnen. Das wird einem erst dann so richtig bewußt, wenn man wenigstens zur»Notre Dame de la Serra«im Südwesten der Stadt hinaufwandert. Wesentlich eindrucksvoller ist die Aussicht vom Capu di a Veta. Schon bei der Einfahrt in die Bucht von Calvi fällt dem Reisenden der markante Hausberg auf.

Wer den Sonnenaufgang auf dem Gipfel erleben möchte, der muß schon vor 4 Uhr aufbrechen, denn die Aufstiegszeit beträgt immerhin 2 bis 2½ Stunden. Schon ab 9 Uhr kann es unerträglich warm sein. Lange Hosen und feste Wanderschuhe sind notwendig, da der markierte Pfad teilweise durch die Macchia führt.

Vom Taxistand am Bahnhof in Calvi auf der Straße in Richtung L'Ile Rousse. Nach etwa 800 Metern links eine »Total«-Tankstelle, rechts ein Supermarkt. Gleich danach einer Straße nach rechts folgen (zahlreiche Hinweisschilder zu Feriendörfern und Campingplätzen), die nach Süden verläuft (Petra Maio). Nach dem Feriendorf der Naturfreunde Österreichs steht links wieder ein Transformatorenhaus. An dieser Stelle erreichen die Hausberg-Pilgerer des Korsika-Feriendorfes des Österreichischen Alpenvereins die Fahrstraße, die von hier in einem Bogen nach rechts ansteigt und nach insgesamt 2 Kilometern vom Bahnhof plötzlich eine querstehende Gartenmauer mit einem eisernen Tor (dahinter Zitronenplantage) erreicht. Dem Weg nach rechts über eine schmale Steinbrücke folgen, der durch Plantagen (rechts Häuser) führt. Dort, wo er sich gabelt, erst einige Schritte nach rechts und der Markierung folgend sofort links (zur Notre Dame de la Serra rechts) hoch. (Die gesamte Aufstiegsroute bis zum Sattel zwischen Vor- und Hauptgipfel ist in den Karten 1 : 50 000 und 1 : 25 000 eingezeichnet). Man kommt an einer Bergerie vorbei und nimmt die Richtung zum östlichen Vorgipfel des Hausberges. Unterhalb des Vorgipfels beginnt eine Rinne, die zum Fuß des Berges hinabzieht. An der orographisch linken Begrenzung – im Aufstieg demnach rechts – verläuft die Anstiegsroute. Die Pfadspuren führen zunächst durch die Macchia hoch. Nach etwa einem Drittel des unmittelbaren Anstieges am Berg wird die erwähnte Rinne gequert. Man kommt an einer Quelle mit Bank vorbei und erreicht schließlich einen Sattel am Fuße des Vorgipfels. Vor diesem rechts vorbei. Den Spuren und der Markierung folgend erst nach Süden, zum Schluß von Südosten zum Gipfel.

Großartige Aussicht vom Capu di a Veta: Wie aus der Vogelperspektive betrachtet man das reizende Festungsstädtchen Calvi und erst jetzt wird jedem klar, warum die Bucht von Calvi zu den schönsten der Insel zählt. Auf den Anhöhen der Balagne liegen die hübschen Dörfer und dahinter als grandiose Kulisse die Berge des Cinto-Massivs, die man von den nördlichsten Ausläufern – über den Monte Cinto 2706 Meter hinweg – bis zum Capu Tafunatu im Südwesten überblicken kann. Unmittelbar im Südwesten des Hausberges der Capu di a Conca (725 m), von dem eine Gipfelkette nach Süden zum kleinen Monte Cintu (848 m) zieht.

Berge und Meer sind verlockende Ziele, und auf dem Gipfel des Capu di a Veta fällt einem die Wahl wirklich schwer. Wohin soll man sich wenden? Nicht umsonst bezeichnet man die Schönen vom Strand in Calvi als die größte alpine Gefahr Korsikas.

Gesamtzeit 2 bis 2½ Stunden.

Höhenunterschied etwa 700 m.

IGN-Karten 1 : 100 000 »Corse Nord« Nr. 73

1 : 50 000 Blatt Calvi Nr. 41/49 oder

1 : 25 000 Blatt Calvi ouest Nr. 41/49.

vgl. Seite 176.

20 Das Cinto-Massiv

Mit seinen Ausläufern umfaßt das Cinto-Massiv das gesamte Gebiet Nordwest-Korsikas. Mit 2706 Meter ist der Monte Cinto der höchste Berg der Insel, der zahlreiche Wanderer, Bergsteiger und Touristen wie ein Magnet anzieht. Die langen Anstiege werden von vielen unterschätzt, sie erreichen den Gipfel nicht und sind dann überzeugt, daß der Monte Cinto ein Monte Schindo ist. Wer aber in den frühesten Morgenstunden (4 Uhr) den Aufstieg beginnt, der wird voll auf seine Kosten kommen und von der Aussicht begeistert sein.

Da die Ausgangspunkte zu tief liegen, sind die Westanstiege durchweg zu lang und werden daher von Osten angegangen. Von Norden kommend, bietet sich das Stranciacone-Tal mit Asco und vor allem das Plateau Stagnu (1422 m) besonders an. Südöstlich von Asco das wilde Traunata-Massiv, im Nordwesten das Nordostbollwerk der korsischen Berge, der Monte Padru (2390 m). Günstigster Ausgangspunkt für die Ost- und Südostanstiege das Hochland Niolu mit dem höchsten Paß Korsikas: Col de Verghio 1477 Meter.

Die gesamte Cinto-Gruppe besteht vorwiegend aus dem dunkelroten porphyrischen Ergußgestein. Besonders interessant ist die am leichtesten Anstieg zur Paglia Orba gut erkennbare Konglomeratscholle aus porphyrischem Geröll. Im Osten des Massivs kommen Phyllite und Granit vor, im Bergland um Calvi Granit und Granulit.

21 Kessel von Bonifatu (Cirque de Bonifatu)

Wer zum erstenmal auf der Insel der Schönheit weilt, der sollte unbedingt einmal in den einzigartigen Kessel von Bonifatu hineinfahren und dort eine kleine Tour unternehmen. In diesem Gebiet zeigt sich die ganze Wildheit der korsischen Berge auf engstem Raum.

Von Calvi 3,5 Kilometer auf der N 197 in Richtung L'Ile Rousse, dann nach rechts auf der D 251 – am Flughafen von Calvi vorbei – zum Forsthaus von Bonifatu (21,5 km). Gleich danach über eine Brücke zum Parkplatz mit der »Auberge de la Forêt« (Zimmer usw., vgl. Unterkunftsverzeichnis). Vorher, rechts, eine Quelle und Sitzgelegenheit aus Steinplatten unter schattenspendenden Bäumen. 536 Meter.

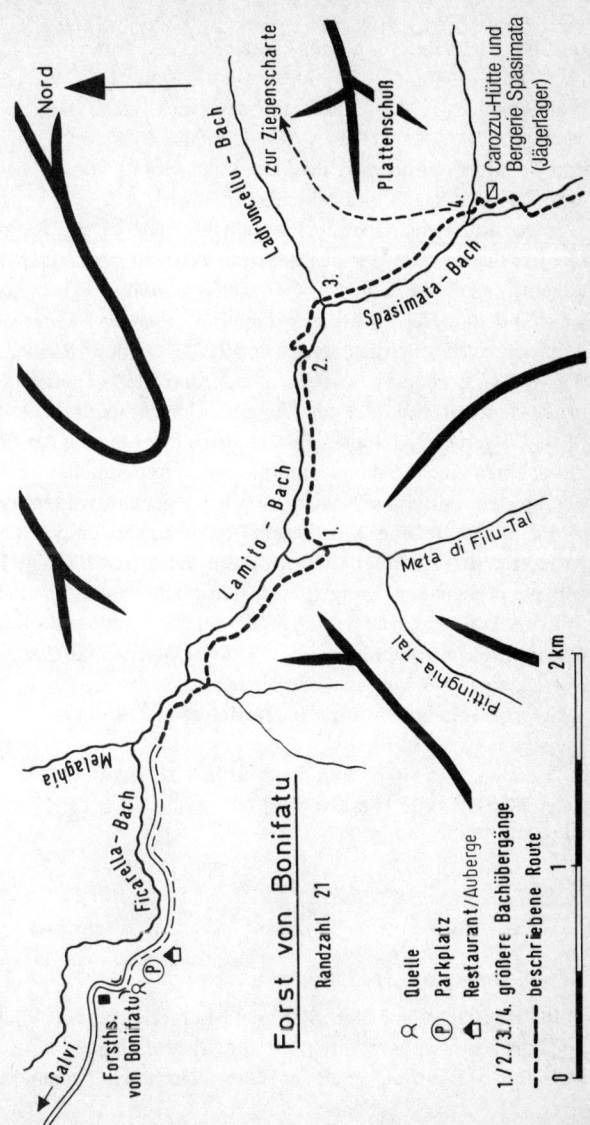

Nord

Laoruncellu - Bach

zur Ziegenscharte

Plattenschuß

Carozzu-Hütte und
Bergerie Spasimata
(Jägerlager)

Spasimata - Bach

3.

2.

Lamito - Bach

1.

Meta di Filu-Tal

Pitlinghia - Tal

Melaghia

Ficarella - Bach

Forsths.
von Bonifatu

Calvi

Forst von Bonifatu

Randzahl 21

⚲ Quelle
Ⓟ Parkplatz
🏠 Restaurant/Auberge
1./2./3./4. größere Bachübergänge
---- beschriebene Route

0   1   2 km

57

In den Monaten Mai/Juni steht hier die Macchia in voller Blüte, und bei der Wanderung vom Parkplatz zur Spasimata-Bergerie entdeckt man so manche Orchidee. Auch wegen den günstigen Bademöglichkeiten im kristallklaren Wasser des Ficarella-Baches kommen viele Touristen in dieses Gebiet. Beim Betrachten der einzigartigen Verwitterungsformen im korsischen Granit, fühlen sie sich in eine Welt der Sagen und Märchen versetzt.

Etwa 2 Kilometer nach dem Parkplatz endet der breite Weg auf einer kleinen Fläche, von der aus der gute Pfad zur Spasimata-Bergerie beginnt – an dieser Stelle (Furt »Roncu«) mündet von links der Forstweg aus dem Melaghia-Tal. Der schöne Wanderweg ist interessant, er kann aber auch gefährlich werden und das liegt an den 4 Bächen, die auf dieser Route gequert werden müssen und die bei einem wolkenbruchartigen Regen oder zur Zeit der Schneeschmelze zu reißenden Strömen werden (Kletterseil mitnehmen). Der gesamte Anstieg führt durch einen Hochwald und dauert mindestens 2 Stunden. Im Bereich der Spasimata-Bergerie (auch Jägerlager genannt) mehrere Steintische und Steinbänke. Von diesem Platz in Kehren empor zur Carozzu-Hütte. Besonders eindrucksvoll ein mächtiger Plattenschuß am gegenüberliegenden Hang (Nordosten)! Die Hütte ist ein idealer Stützpunkt für Bergsteiger, die im Kessel von Bonifatu Klettertouren durchführen möchten. Zu den leichten Unternehmungen zählt die Besteigung der A Muvrella und die des Punkt 1938.

»Auberge de la Forêt« – Spasimata-Bergerie: 2 Stunden.

Höhenunterschied 619 m.

IGN-Karten 1 : 50 000 Blatt Galéria Nr. 41/50 oder
1 : 25 000 Blatt Galéria est Nr. 41/50.

vgl. Seite 176.

22 *A Muvrella – 2148 m*

Vom Jägerlager auf der Spasimata-Bergerie führen Pfadspuren in südlicher Richtung direkt in die Macchia hinein (am Beginn weiß-rote Markierung an einem Baum). Nach dem kleinen Macchia-

Gürtel rechtshaltend zum Spasimata-Bach absteigen. Eine Hänge-brücke (vgl. Foto; Seite 1 erleichtert auch hier die Querung. Danach am orographisch linken Ufer bleiben und über Platten, kleine Bänder und Schrofengelände hochsteigen, bis der vor einem liegende Kessel erreicht ist (1 Stunde. Nach rechts in südwestlicher Richtung żur Bocca di Maghine und zum Punkt 1938).

In der Mitte des flächenmäßig großen Kessels ein langgezogener Felsrücken, der die allgemeine Anstiegsrichtung zum Muvrella-See anzeigt. Den Pfadspuren und der Markierung nach zum Felsrücken. An diesem erst rechts entlang, dann nach links auf den Kamm – kurze Kletterstellen bilden eine angenehme Abwechslung. Fast am Ende des Felsrückens nach links oder nach rechts absteigen und in einem Bogen von links nach rechts zu dem in einer Mulde versteckt gelege-nen Muvrella-See. Vom See nach Süden (Felsblöcke/Geröll) zu einer Scharte mit einem markanten Felsturm (links) hochsteigen. (Die Scharte vermittelt den Übergang auf dem Wanderweg »GR 20« in Richtung Plateau Stagnu). Kurz vor der Scharte nach links in die steileren Felsen hinein. Auf breiten Bändern, zum Schluß über Geröll und Blöcke sowie Erlengestrüpp hinauf zum Grat und auf diesem nach rechts. Die Aussicht vom Gipfel der A Muvrella: vgl. »A Muvrella – Punta Ghialla« (Randzahl 34). Schwierigkeit: I. Spasimata-Bergerie – A Muvrella: etwa 3 ½ Stunden.
Höhenunterschied   993 m.

23 *Punkt 1938*

Von der Spasimata-Bergerie auf der Muvrella-Route in 1 Stunde bis zum Kessel. Vor diesem nach rechts in südwestlicher Richtung über Platten, zum Schluß durch Erlengestrüpp zur Bocca di Maghine 1798 Meter (1 Stunde). Von der Scharte nach links (Osten) dem Gratverlauf folgend in etwa 30 Minuten zum Punkt 1938 (am Gipfelaufbau kurze Kletterstelle). Schon wegen der ungewöhnlichen Aussicht zur Paglia Orba und zum Capu Tafunatu besonders empfehlenswert. Auf der Anstiegsroute zurück.
Spasimata-Bergerie – Punkt 1938: 2½ Stunden.
Höhenunterschied   783 m.

24 Forst von Tartagine

Der Forst von Tartagine wird nicht umsonst als einer der schönsten Wälder Korsikas bezeichnet. Wer die Einsamkeit liebt, der wird hier glückliche Stunden verbringen. Die Stille wird nur vom Rauschen der Bäche und vom Gesang der Vögel unterbrochen. Die Stimmen der Vögel erfreuen – vor allem im Frühjahr – den Naturfreund in allen Wäldern Korsikas, anders lautende Berichte entsprechen nicht den Tatsachen.

Aus diesem so herrlich gelegenen Forst ragt ein mächtiger Berg empor, der Monte Padru, der am günstigsten über seinen langen Nordostgrat erstiegen wird. Ein großartiges Wanderziel ist die Bocca di Tartagine, von der aus eine Besteigung des Monte Corona möglich ist.

Die Nationalstraße N 197/N 199 verbindet Calvi an der Nordwestküste mit dem Verkehrsknotenpunkt Ponte Leccia im Landesinnern. Kurz vor der Bocca-di-San-Colombano (von Calvi kommend) nach rechts auf der D 963 nach Olmi Cappella (15 km).

Die 17 km bis zum Forsthaus von Tartagine wurden zwar im Jahre 1972 ausgebaut, über den jeweiligen Zustand dieses Abschnittes sollte man sich in Olmi Cappella unbedingt erkundigen (manchmal ist die Straße z. T. nur im ersten Gang befahrbar!).

Sehr angenehm ist auch die Strecke von Calvi – durch die Bergdörfer der Balagne – nach Speloncato und von dort nach Olmi Cappella (vgl. Randzahl 18).

Nach der Brücke am Forsthaus rechts eine gefaßte Quelle, links ideale Zeltmöglichkeiten.

25 Monte Padru (2390 m)

Nordostgrat

Vom Forsthaus führt ein befahrbarer Waldweg ins Tartagine-Tal hinein (Achtung: Steilstellen!), der kurz nach der Brücke eine scharfe Rechtskurve bildet. An dieser Stelle auf dem Fahrweg nach links (Nordosten), der nach etwa 30 Minuten in einen Pfad übergeht. Damit ist der Nordrücken erreicht, der vom Nordostgrat herabkommt. Eine Waldschneise auf dem Nordrücken, die schon von der Anfahrt deut-

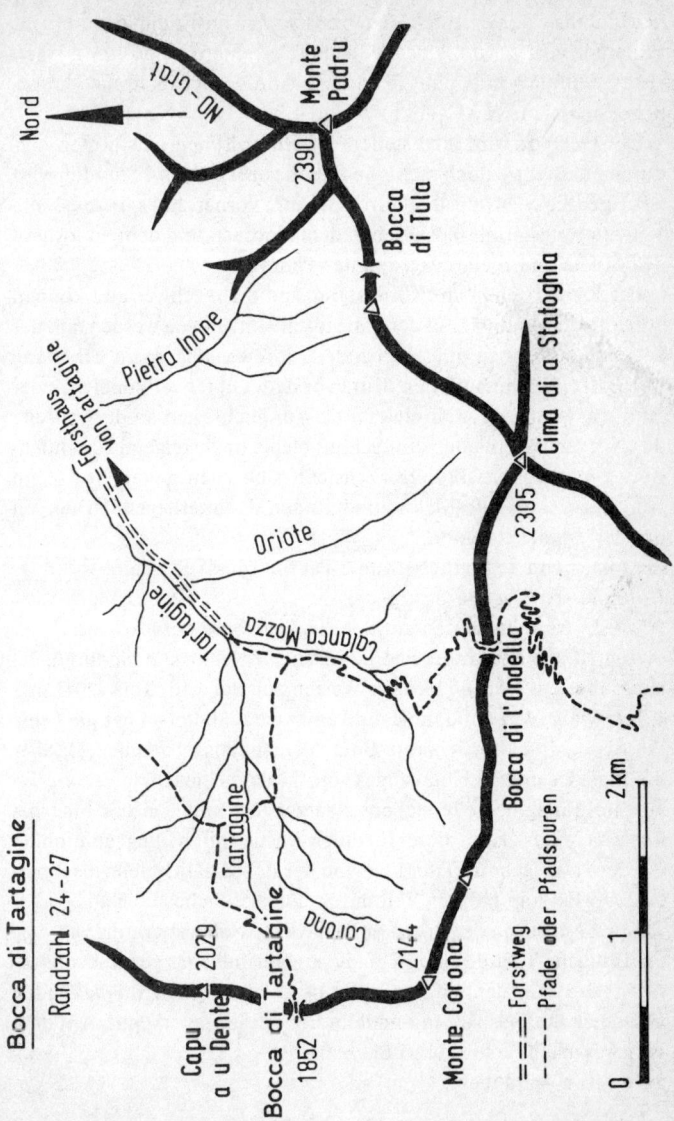

Bocca di Tartagine

Randzahl 24–27

Nord

NO–Grat

Monte Padru
2390

Bocca di Tula

Pietra Inone

Forsthaus von Tartagine

Cima di a Statoghia
2305

Oriote

Cianca Mozza

Tartagine

Bocca di l'Ondella

Tartagine

Col·ona

Capu a u Dente
2029

Bocca di Tartagine
1852

Monte Corona
2144

=== Forstweg
--- Pfade oder Pfadspuren

0   1   2 km

61

lich sichtbar ist, vermittelt den Anstieg, der im Frühjahr durch ein Blütenmeer, u. a. von Alpenveilchen (Cyclamen) emporführt. Nach etwa 1 Stunde rechts eine Bergerie, schon vorher mehrmals künstliche Steinmauern.

Das Gelände wird jetzt steiler, es geht zwischen Felstürmen hindurch, meistens jedoch rechts an diesen vorbei. Nach 2 Stunden wird der eigentliche Nordostgrat erreicht (kurz vorher, links, interessante Verwitterungsformen). Zwischen dem Nordost- und dem Südostgrat des Monte Padru ein ausgedehntes Plateau.

Die Kletterstellen am Nordostgrat sind nicht schwer und können außerdem fast immer auf der Plateauseite umgangen werden, auf der angenehme Rinnen und Felsbänder zur jeweils nächsten Erhebung im Gratverlauf hinaufleiten. Kurz vor dem Gipfel verbindet sich der Nordostgrat mit dem Nordwestgrat. Am leichtesten an der Ostseite des Nordgrates entlang, zum Schluß rechts hochsteigend zum höchsten Punkt. Eindrucksvolle Fernsicht nach allen Seiten, vor allem zum gesamten Cinto-Massiv und zu den dahinterliegenden Bergen um den Monte Rotondo.

Forsthaus von Tartagine – Monte Padru: 4 bis 5 Stunden.

Höhenunterschied 1673 m.

Abstieg Am günstigsten auf der Anstiegsroute zurück oder:

Vom Gipfel des Monte Padru zwischen Felsblöcken hindurch, danach über ein Geröllfeld nach Westen zur Bocca di Tula (2041 m).

Der Weiterweg auf dem Hauptkamm nach Süden – über die Cima di a Statoghia 2305 m – bis zur Bocca di l'Ondella ist möglich. Da aber der Pfad des uralten Überganges vom Tartagine- ins Stranciacone-Tal auf der Tartagine-Seite stellenweise zerstört und von der Macchia überwuchert ist, kann dieser für einen Abstieg nur bedingt empfohlen werden. Dagegen führt der Pfad von der Bocca di l'Ondella ins Stranciacone-Tal zum größten Teil durch übersichtliches Gelände.

Der *Abstieg* von der Bocca di Tula nach Nordwesten zum Fahrweg im Tartagine-Tal führt durch pfadloses Gelände, das genau beobachtet werden muß, damit man rechtzeitig die günstigsten Möglichkeiten zwischen den Felspartien und dem Erlengestrüpp erkennt. Auf dem Fahrweg nach rechts zum Forsthaus.

Zeit etwa 4 Stunden.

26 *Bocca di Tartagine (1852 m)* ─ ⟨*Monte Corona (2144 m)*⟩

Durch die Straße bis zum Forsthaus von Tartagine ist diese einsame Gegend relativ leicht erreichbar. Schon eine kurze Wanderung entlang des Tartagine-Baches ist sehr lohnend, doch wer dieses Tal mit seinem schönen Wald in seiner Gesamtheit richtig kennenlernen möchte, der sollte bis zur Bocca di Tartagine wandern und anschließend den Monte Corona ersteigen.

Nach der Brücke am Forsthaus auf dem alten Forstweg in einer Rechtskehre (Südwesten) ins Tartagine-Tal hinein. Der Weg verläuft bis zu seinem Ende immer am orographisch rechten Ufer des Tartagine-Baches entlang. Die neu entstandenen Forstwege auf keinen Fall beachten! Nach 3 Kilometern (1 Stunde) kommt von links eine markante Schlucht (Pietra-Inone-Bach) von der Bocca di Tula herab und nach weiteren 1,5 Kilometern von der Cima di a Statoghia die Oriote-Schlucht. Etwa 600 Meter danach ist der Bach »Calanca Mozza« erreicht, der von der Bocca di l'Ondella herabkommt.

Man befindet sich jetzt in einem beeindruckenden Kessel. Zwischen den hohen Bäumen hindurch erblickt man im Westen die Bocca di Tartagine, rechts von dieser den Doppelgipfel des Capu a u Dente (Kletterberg) und links den Monte Corona. Wanderer ohne gute und feste Bergschuhe sollten an dieser Stelle, also nach etwa 5 Kilometern, nicht weitergehen!

Man folgt dem Forstweg nach rechts, von dem man einen schönen Blick zum Capu a u Dente hat. Man erreicht einen Bach. Unmittelbar nach der Bachdurchquerung dreht der Forstweg scharf nach rechts ab. Etwa 50 m nach der Bachdurchquerung den Forstweg verlassen und pfadlos am orog. linken Ufer des Baches – mit der Allgemeinrichtung Col de Tartagine – empor und erreicht schließlich die Waldgrenze. Das Gelände ist relativ gut passierbar. Man gelangt zu einer Bergerie, von der aus der Weg zum Col de Tartagine weiterverfolgt werden kann. Von den Bergerie-Ruinen zunächst pfadlos etwa 100 bis 150 Entfernungsmeter hoch, bis ein relativ gut sichtbarer Pfad erreicht ist. Er ist durch Steinmänner markiert. Auf diesem Pfad bleiben, der an der orographisch linken Talseite ansteigt, bis er zuletzt in einer breit angelegten Serpentine durch Erlengestrüpp zur Boccia di Tartagine hinaufführt.

Der Abstieg durch das Melaghia-Tal zum Forsthaus von Bonifatu ist nicht empfehlenswert: schwierige Orientierung, unendlich langer Marsch.

Forsthaus von Tartagine – Bocca di Tartagine: 4½ Stunden. ✓
Höhenunterschied 1135 m.

27 *Monte Corona (2144 m)*

Von der Bocca di Tartagine in südlicher Richtung ohne Schwierigkeiten zum Gipfel. Schöne Aussicht, vor allem zum Monte Padru.
Zeit 1 Stunde.
Höhenunterschied Bocca di Tartagine – Monte Corona 292 m.
Die IGN-Karte 1:25 000, Blatt Galéria est 41/50 ist für die Wanderung zur Bocca die Tartagine ausreichend. Die folgenden Blätter enthalten den ersten Teil der Wanderroute mit Lage des Forsthauses von Tartagine und den Zugang zum Nordostgrat des Monte Padru:
IGN-Karten 1:100 000 »Corse Nord« Nr. 73 (für die Anreise)
1:50 000 Blatt Calvi Nr. 41/49
1:25 000 Blatt Galéria est Nr. 41/50*
1:25 000 Blatt Calvi est Nr. 41/49
1:25 000 Blatt Santo-Pietro-di-Tenda ouest Nr. 42/49
1:25 000 Blatt Corte ouest Nr. 42/50*.
vgl. Seite 176.

---

*Unbedingt erforderlich. Aus den anderen Blättern sind auch die Ausläufer des Monte Padru ersichtlich.

28 *Traunata-Massiv*

Nur in den abseits gelegenen Bergdörfern kann der Tourist das eigentliche Korsika und seine Menschen richtig kennenlernen. Zu diesen zählen die Orte Popolasca und Castiglione, die am Fuße des mächtig wirkenden Traunata-Massivs liegen. Zum gleichen Massiv gehören die »Aiguilles de Popolasca«, die im Gegenlicht am Spätnachmittag fast unheimlich wirken, wenn man diese kühnen Felstürme – von Bastia kommend – kurz vor Ponte Leccia zum ersten Mal erblickt.

Die genannten Orte sind mit dem Auto relativ leicht erreichbar. Kurz nach Ponte Leccia – Richtung Corte – die N 193 verlassen und nach rechts auf der schmalen und kurvenreichen D 118 nach Popolasca. Nach einem kurzen, aber lohnenden Besuch des Ortes jetzt auf der D 18, die am Croce d'Arbitro (664 m) in die D 118 mündet. Geradeaus geht es nach Ponte Castirla. Vom Paß nach rechts auf der D 118 nach Castiglione, von Ponte Castirla kommend nach links. Am Ortseingang Ende der Straße und Parkmöglichkeit für mehrere Autos. Die Häuser des Ortes sind wie eine Festung auf einem Felsrücken erbaut. Keine Bar, kein Restaurant.

Es ist noch weitgehend unbekannt, daß man auf einer angenehmen Bergwanderung in dieses wilde Traunata-Massiv gelangen und dabei sogar den höchsten Gipfel, die Cima a i Mori (2180 m) ohne Schwierigkeiten ersteigen kann.

29   Cima a i Mori 2180 m

Castiglione nach Südwesten verlassen und zum Terriola-Bach absteigen. Über die schmale Brücke und weiter auf einem ausgezeichneten Pfad in Serpentinen zu dem vor einem liegenden Felsrücken, der das orographisch rechte Ufer des Baches begrenzt. Der Pfad steigt nach Südosten an, umgeht nach links in einem weiten Bogen den Felsrücken und erreicht dann im Westen den in einer Mulde gelegenen Kastanienwald von Paduli (980 m). – Bei dieser Wanderung von nur 1 Stunde hat man den Eindruck, auf einem Pfad in den Alpen zu sein. –

Am günstigsten ist es, den Wald im oberen Drittel zu verlassen und nach links (Westen) halten, bis nach etwa 15 Minuten (vom Waldrand gerechnet) ein Höhenrücken erreicht ist. Auf diesem nach rechts (NW) bis zu den ersten Felsen, die man links liegen läßt. Bald danach sind die ersten Pfadspuren wieder erkennbar, außerdem werden einige Steinmänner auf die Aufstiegsrichtung hinweisen. Der Pfad ist erst dann wieder deutlich erkennbar, wenn das Gelände flacher wird.

Nach etwa 2 Stunden erreicht man den Punkt, von dem man in die wilde Terriola-Schlucht blickt und eine einmalige Aussicht auf Castiglione hat. Sehr eindrucksvoll die zahlreichen wilden Türme des Traunata-Massivs, denen man hier unmittelbar gegenübersteht. Nach Nordwesten blickend ein einsames Hochtal, durch das der weitere Aufstieg führt. Den Talschluß bildet ein markanter Berg mit einem Riesenüberhang, der von der Aussichtsstelle gut erkennbar ist. In dieser »Grotte de Scaffa« befinden sich die Anlagen der gleichnamigen Bergerie.

Auf Serpentinen hinab in das Hochtal, das an einer verlassenen Bergerie erreicht wird. Von dieser den guten Pfadspuren nach, die stets am Hang und oberhalb des Bachbettes entlangführen. Nicht zum Bach absteigen! Links stehen die mächtigen Rundinaia-Türme. Allmählich ansteigend wird die Bergerie de Scaffa in weiteren 1½ Stunden erreicht. Erst kurz vor der Bergerie den Bach überschreiten.

Wieder zum Bachbett zurück. An der orographisch linken Seite und fast immer in der Nähe des Baches bleibend, jetzt nach Westen durch das Vallon de Scaffa in einer Stunde zum Traunata-Paß (1980 m). Vom Paß nach Süden über sanfte Hänge, zum Schluß über Felsblöcke hinweg in etwa ½ Stunde zum Gipfel der Cima a i Mori (2180 m), der vom Traunata-Paß wie ein kleiner Felsenhügel aussieht. Schöne Aussicht zu dem unmittelbar im Südwesten gelegenen Hauptkamm des Cinto-Massivs mit Capu Biancu – 2562 m und Capu a u Verdatu – 2583 m.

Castiglione – Cima a i Mori: 5 Stunden.

Höhenunterschied 1454 m.

IGN-Karten 1 : 50 000 Blatt Corte 42/50 oder
1 : 25 000 Blatt Corte ouest Nr. 42/50.
vgl. Seite 176.

30 *Wanderungen und Bergtouren aus dem Stranciacone-Tal*

Von Bastia auf der N 193 in südlicher Richtung bis Casamozza (20 km), die hier nach Westen abzweigt. Nach 26 Kilometern ist der wichtige Verkehrsknotenpunkt Ponte Leccia erreicht. Nun auf der N 197, die Ponte Leccia mit Calvi verbindet, nach Nordwesten. Schon nach 2 Kilometern geht es nach links auf der D 47/D 147 ins Asco-Stranciacone-Tal hinein. Die Straße führt durch die wildromantische Schlucht »Gorges de l'Asco« und erreicht nach 16 Kilometern die uralte Siedlung Asco. Der Ort ist ein wichtiger Ausgangspunkt für alle Unternehmungen in diesem Tal.

Vor dem Ortseingang beginnt die Umgehungsstraße (Einkaufsmöglichkeit), von der man einen schönen Blick auf Asco hat.

Am Ortsausgang (links) beginnt der Fahrweg zu der im Süden gelegenen genuesischen Brücke, die eine wichtige Grenze darstellt: flußabwärts Asco- und flußaufwärts Stranciacone-Tal.

Die Straße von Asco bis zum Plateau Stagnu (15 km) ist seit dem Jahre 1969 auf der gesamten Länge ausgebaut und geteert. 7 Kilometer nach Asco steht auf einem idyllisch gelegenen Platz die Nothütte des Touring Club Français (TCF; 949 m). Hier mündet die Tassineta in den Stranciacone-Bach. Unmittelbar vor der nach 800 Metern folgenden Brücke geht es nach links zu den Manica-Bergerien – 10 km nach Asco Campingplatz –. Kurz vor dem Plateau Stagnu noch einmal über eine Brücke und danach in steilen Kehren vollends hinauf.

An der Einmündung der Straße auf den großen Parkplatz links ein mächtiger Granitblock mit Gedenktafel für den Ersterschließer der korsischen Berge, Dr. Felix von Cube und seine Kameraden.

Auf dem Plateau Stagnu das Ski-Zentrum »Haut-Asco«. Das Hôtel-Restaurant »Le Chalet« bietet Voll- und Halbpension. Schöne Zimmer mit Dusche oder Bad, aber auch preisgünstige Unterkunft in Stockwerkbetten im Kellergeschoß und in Zweibettzimmern im Dachgeschoß. Gute Küche!

Durch den Bau der Straße wurden die Anmarschwege zu den Gipfeln im Westen und Südwesten des Plateau Stagnu erheblich verkürzt und der schönste Talschluß Korsikas der Allgemeinheit zugänglich gemacht. Allein der Blick zur Perle des Stranciacone-Tales, zum Capu Larghia (Titelfoto), ist überwältigend, der mit dem Capu Rosso und der Punta Minuta eine grandiose Felskulisse bildet.

IGN-Karten 1 : 100 000 »Corse Nord« Nr. 73

1 : 50 000 Blatt Galéria Nr. 41/50 oder

1 : 25 000 Blatt Galéria est Nr. 41/50.

vgl. Seite 176.

Nord

Col d' Avartoli

Berge Ruine

Punta Ghialla
2085

Bocca Ghialla

Punta Mezagnu 2085

Capu a u Carozzo 2139

Spasimata Bergerie

"GR 20"

Capu di a Marcia 2055

Bocca di Maghine 1938

A Muvrella 2148

Bisheriger Verlauf des »GR 20«

"GR 20"

Neue Route des »GR 20«

Punta Culaghia 2034

Lac de Stagnu

Lift

Punta Stranciacone 2151

Plateau Stagnu

Punta Missoghiu 2171

"GR 20"

Kessel von Trimbolacciu

Punta a u Portello 2025

(Ruine) Altore-Htt.

2079

Col Perdu 2247

Capu Rosso

Pic von Cube

Punta Minuta 2556

Capu Larghia

"GR 20" Bocca Minuta

68

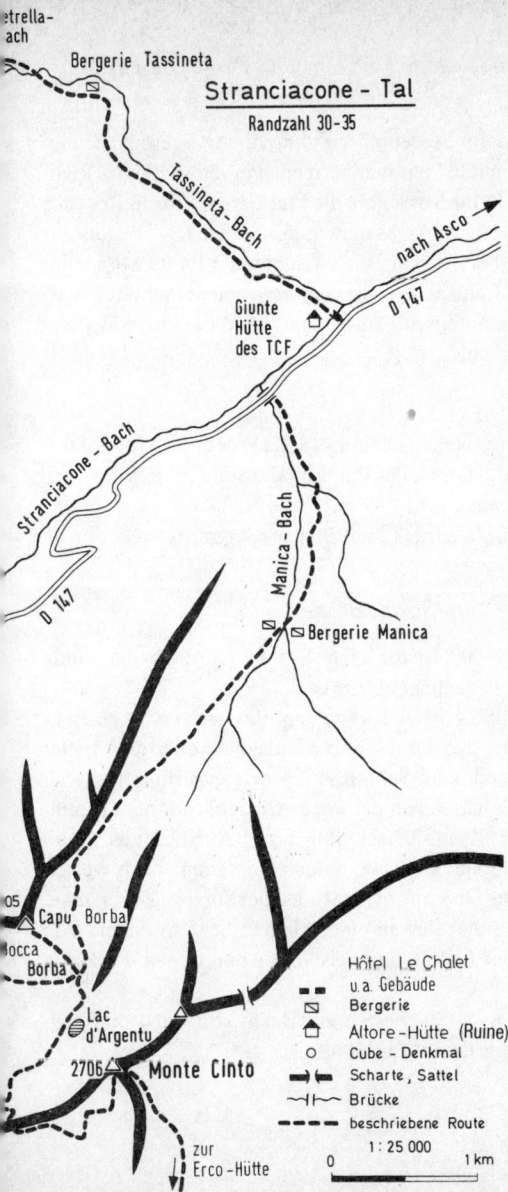

etrella-ach

Bergerie Tassineta

Stranciacone - Tal
Randzahl 30-35

Tassineta-Bach

nach Asco

D 147

Giunte
Hütte
des TCF

Stranciacone - Bach

Manica - Bach

D 147

Bergerie Manica

05 Capu Borba

occa
Borba

Lac
d'Argentu

2706 Monte Cinto

zur
Erco-Hütte

Hôtel Le Chalet
u.a. Gebäude
Bergerie
Altore-Hütte (Ruine)
Cube - Denkmal
Scharte, Sattel
Brücke
beschriebene Route

1 : 25 000
0   1 km

69

31 *Zur Bocca Stranciacone (1987 m) und Punta a u Purtellu –*
(2025 m)

Vom Plateau Stagnu am Schlepplift entlang hochsteigen. Anschließend den Steigspuren und Steinmännern nach in südwestlicher Richtung. Unterhalb der Punta Missoghiu die Markierung »Weiß-Rot« des
Wanderweges »GR 20« nicht beachten, sondern nach Westen zur
Bocca Stranciacone hochsteigen, die zwischen der Punta Missoghiu
und der Punta a u Purtellu gelegen ist. Schon wegen der schönen Aus-
sicht (besonders stimmungsvoll am Abend), ist diese kurze Wande-
rung besonders empfehlenswert.
Zeit   2 Stunden.
Höhenunterschied   565 m.
Von der Bocca Stranciacone nach links (Süden) dem Gratverlauf fol-
gend relativ leicht zum Gipfel der Punta a u Purtellu (in 15 Minuten).
Zusätzlicher Höhenunterschied   38 m.
Auf der gleichen Route zurück zum Plateau Stagnu.

32 *Rund um die Punta Stranciacone*

Nach der Karte 1:25 000 ist die erste Scharte nördlich der Punta
Culaghia die Bocca Culaghia (1957 m).
   Zwischen dem 3. und 4. Mast des Schleppliftes nach rechts zu einer
Schlucht hochsteigen, die von der Bocca Culaghia herabzieht. In der
Schlucht rechtshaltend, zum Schluß durch Erlengestrüpp hindurch
in 1½ Stunden zur Scharte. Von der Bocca Culaghia auf dem Haupt-
kamm nach Süden. Beim danach folgenden Aufstieg zur Punta
Culaghia dem Gratverlauf folgen oder den Hauptkamm nach Westen
(rechts) verlassen. Die Querung beginnt mit einer kurzen Kletterstelle,
der ein Geröllband folgt, das an einer kleinen Scharte endet. Von
dieser nach links über Platten und Felsblöcke zum Gipfel der Punta
Culaghia (2034 m).
   Schöne Aussicht nach Südwesten zur Bucht von Calvi und dem
Cinto-Hauptkamm im Osten und Süden.
Zeit   2 Stunden.
Höhenunterschied   612 m.

Vom Gipfel bis zu einer Scharte (1980 m) vor den ersten Felsen der Punta Stranciacone. Von dieser auf die Westseite des Berges und den vor einem liegenden Hang (Anfang Juni unter Umständen ein Schneefeld) in südlicher Richtung queren. Nach Ersteigung einer Felspartie – linkshaltend – teilweise steil zur Brêche de Missoghiu an der Südseite der Punta Stranciacone empor (1 Stunde von der Punta Culaghia). Von der Scharte erst nach Südosten, dann nach Osten zum oberen Plateau Stagnu absteigen und nach Nordosten hinab zum Schlepplift und Parkplatz.

Gesamtzeit   etwa 4 Stunden.

33   *Pic von Cube*
(2247 m; Punta Rossa dit Monte von Cube)

Dieser Berg wurde nach dem Stuttgarter Arzt Dr. Felix von Cube benannt, der mit seinen Kameraden vom Akademischen Alpenverein München in den Jahren 1899, 1902 und 1904 wahre Pionierarbeit in den Bergen Korsikas geleistet hat.

Von der Gedenktafel für Dr. von Cube (an der Einfahrt zum Parkplatz auf dem Plateau Stagnu) zum Schlepplift und an diesem entlang zur Bergstation.

– Lage des »Lac de Stagnu«:
Zwischen dem 9. und 10. Mast des Schleppliftes nach rechts einen Hang ersteigen, hinter dem in einer Mulde versteckt der See (im Sommer ohne Wasser) liegt. In der Nähe mächtige Wetterkiefern. –

Anschließend den Pfadspuren und einer Markierung folgend bis zu den Ruinen der Altore-Hütte (2 Stunden). Von den Ruinen gleich nach rechts zu einem Geröllrücken hochsteigen und auf diesem zum Beginn des Nordwestgrates. Die ersten Felsen rechts umgehen, danach linkshaltend über einen Geröllhang zum Grat empor. Stellenweise am Grat rechts vorbei oder über die einzelnen Felspartien direkt hinweg. Leichte Kletterstellen. Vom Vorgipfel hinab zu einem Sattel und weiter über einen Geröllrücken zu den ersten Felsen des Gipfelaufbaus. Am Anfang leichte Kletterei, dann schwieriger (II) zum Hauptgipfel hinauf (Südostgipfel).

Vor allem schöne Aussicht zur Paglia Orba und zum Capu Tafunatu sowie zu dem vor einem liegenden Nordgrat der Punta Minuta mit seinen über 30 Türmen.

Plateau Stagnu – Pic von Cube: 3½ Stunden.

Höhenunterschied 825 m.

Abstieg Auf der gleichen Route zurück.

34 *Von der A Muvrella zur Punta Ghialla*

Die Überschreitung des Hauptkammes zwischen A Muvrella und Punta Ghialla zählt zu den interessantesten Touren im gesamten Cinto-Massiv. Es ist eine angenehme Gratwanderung mit Aussicht nach allen Seiten, die man morgens um 4 Uhr bei guter Witterung beginnen sollte.

Nördlich der Bocca Culaghia – noch der Punkt 2003 m – die Brêche de Stagnu (1985 m), von der eine Schlucht zum Plateau Stagnu hinabzieht. Diese Schlucht ist gleichzeitig die Allgemeinrichtung beim Aufstieg zur A Muvrella.

Vom Hotel »Le Chalet« auf dem Plateau Stagnu in nordwestlicher Richtung zum Waldrand. In Serpentinen (markiert) durch den Wald empor. Danach durch die erwähnte Schlucht zur Brêche de Stagnu (ein steiler Aufstieg von 1½ Stunden und einem Höhenunterschied von 565 m).

Von der Scharte erst nach rechts (Norden), dann halblinks vom Grat durch Geröll und Zwergwacholder zu einem Felsriegel. Diesen in der Mitte ersteigen. Durch bewachsenes Gelände zum nächsten Felsaufbau. An der linken Begrenzung hoch oder eine Geröllrinne benutzen, die von links nach rechts zur letzten, von unten sichtbaren Felsbarriere führt. Die kleine Felsmauer direkt angehen oder nach rechts hinausqueren und den nun folgenden Gipfelaufbau von der Südostseite in angenehmer Kletterei (I+) ersteigen.

Zeit Plateau Stagnu – A Muvrella 2½ Stunden.

Variante:
Auf der Normalroute von der Brêche de Stagnu zum ersten Felsriegel, diesen links (westlich) umgehen (etwa 3 Minuten von der Brêche de Stagnu) und sofort nach rechts – Osten – halten. Den Hauptkamm überschreiten, dann nach Nordosten der gelben Markierung folgend über z. T. luftige Bänder zum Gipfel der A Muvrella. Besonders angenehm für den Abstieg mit einem herrlichen Blick zu den Bergen um den Capu Larghia.

Aussicht von der A Muvrella (2148 m):
Im Osten der Hauptkamm zwischen Capu Biancu und Monte Cinto, von Südosten nach Süden das mächtige Dreigestirn: Capu Larghia, Capu Rosso und Punta Minuta. Rechts von der Punta Minuta der Pic von Cube und dahinter Capu Tighiettu, Capu Uccellu und schließlich die Königin der korsischen Berge, die Paglia Orba mit dem durch das Col des Maures getrennten Capu Tafunatu. Im Kammverlauf von der A Muvrella nach Süden: Punta Culaghia, Punta Stranciacone und Punta Missoghiu. Beeindruckend der Blick in den wilden Kessel von Bonifatu und weiter nach Westen zum einmalig gelegenen Golf von Calvi. Der letzte Berg im Nordosten: Monte Padru.

Vom Gipfel der A Muvrella dem Grat entlang (angenehme Kletterstellen) nach Norden. Den Punkt 2109 überschreiten, den folgenden Capu di a Marcia rechts liegen lassen. Über Geröll an der Westseite des Berges und über einen anschließenden bewachsenen Hang zum Gipfel des Capu a u Carozzu (2139 m) hinauf. Bis zur Scharte vor dem Punkt 2029 auf dem Grat bleiben, dann auf der Ostseite zum Beginn des Südwestgrates der Punta Mezagnu. Über den Grat direkt empor oder an seiner östlichen Seite entlang zum Gipfel der Punta Mezagnu (2085 m). Direkt am Grat nach Norden, zum Schluß an der Westseite über gestuften Fels und Geröll hinab zur Bocca Ghialla (2002 m; auf den Karten nicht bezeichnet). Von der Scharte auf der Westseite des Hauptkammes bleiben und zu einer schon von weitem sichtbaren engen Schlucht hoch und durch diese zum Südostgrat. Nun dem Gratverlauf nach relativ leicht (nur kurze Kletterstellen) zum Gipfel der Punta Ghialla (2085 m).

Zeit 2½ Stunden von der A Muvrella bis zur Punta Ghialla.
Schwierigkeit I, an der Punta Ghialla stellenweise II.

Von der Punta Ghialla nur wenige Schritte nach Norden, dann durch eine Geröllrinne *(Vorsicht!)* zum Beginn einer rampenartigen Verschneidung, die in einem Bogen nach links (Westen) zum Beginn des Gipfelaufbaus hinabführt. In leichter Kletterei weiter am Westgrat entlang bis zum Vorgipfel (etwa 10 Minuten), dann nach rechts (Norden) über Geröll zu den ersten Felsen des Nordgrates. An der Ostseite des Nordgrates (Kletterstellen umgehen) durch Geröllrinnen und über leichte Felspartien zum Col d'Avartoli 1898 Meter (etwa 1 Stunde). Vom Col in Serpentinen von Terrasse zu Terrasse erst nach Nordosten, dann durch übersichtliches Gelände nach Osten zu den ersten mächtigen Kiefern. Schon vorher ist links vom Hauptbach eine Bergerie erkennbar. Am besten in der Nähe des Baches bleiben und zur genannten Bergerie absteigen, die in 1 Stunde vom Col d'Avartoli aus erreichbar ist. Von den Ruinen der Bergerie auf spärlichen Pfadspuren am orographisch linken Ufer des Hauptbaches zu einem kleinen Hochwald und weiter bis zu dem von links herabkommenden Petrella-Bach (15 Minuten). Nach der Durchquerung des Petrella-Baches wird der Pfad immer besser, der erst nach weiteren 10 Minuten am Hauptbach aufhört. An dieser Stelle den Bach queren, das andere Ufer ersteigen und nach Südosten zu der Tassineta-Bergerie.

Von der Bergerie dem ausgezeichneten Pfad nach, der teilweise auf gleicher Höhe bleibend oberhalb des Tassineta-Baches entlangführt. Der Beginn des Pfades ist nicht leicht zu finden! Er ist nur an wenigen Stellen unterbrochen, zum Beispiel etwa 2 Stunden nach der Tassineta-Bergerie. Über leicht geneigte Felsen in der Abstiegsrichtung »Osten« zur Fortsetzung des Pfades. Eine halbe Stunde danach ist der idyllische Platz mit der Nothütte »Giunte« des TCF (959 m) an der Straße Asco – Plateau Stagnu (D 147) erreicht.

Gesamtzeit   etwa 8 Stunden.

Höhenunterschied   Plateau Stagnu – A Muvrella 726 m;

Punta Ghialla – »Giunte« 1136 m.

Mit dem Auto oder per Anhalter zurück zum Plateau Stagnu.

Der Capu Borba ist dem Monte Cinto vorgelagert und wirkt so wuch-
tig, daß der dahinter stehende höchste Berg Korsikas vom Parkplatz
auf dem Plateau Stagnu kaum zu sehen ist. Wenn die Monte-Cinto-
Pilgerer auf der Bocca Borba stehen und den plattigen Geröllhang erblicken, der vom Gipfel herabzieht, ahnen sie nicht, welch eine großartige Aussicht sie auf dem Capu Borba erwartet, vor allem zur Nord-
wand des Monte Cinto und zum Dreigestirn: Capu Larghia, Capu
Rosso und Punta Minuta.

Vom Gipfel des Capu Borba zieht der turmreiche Nordwestgrat
hinab in den wilden Kessel von Trimbolacciu. An seiner Südwestseite
eine mächtige Schlucht, die die Aufstiegsrichtung anzeigt.

Von der Hütte des Feriendorfes »Zum störrischen Esel« in
Calvi (für Mitglieder der alpinen Verbände ist der Hüttenschlüssel in
Calvi erhältlich oder schon vorher bei der Leitung des Feriendorfes in
Dornbirn: vgl. Unterkunftsverzeichnis) auf dem Plateau Stagnu auf
einem Pfad in den Kessel von Trimbolacciu absteigen. – Die Route ist
mit Steinmännern und roten Punkten gut markiert. – Stets am orographisch linken Ufer des Baches im Talgrund bleiben (vorher mindestens einen Seitenbach, im Frühjahr mehrere Wasserläufe queren).
Nach etwa 30 Minuten die letzte geschlossene Baumgruppe. Die Pfadspuren führen schließlich nach insgesamt 45 Minuten direkt zum
Bach – Brücke –. Auf der anderen Seite in einer Serpentine
sofort nach rechts auf eine Terrasse. Von dieser *nicht* direkt hoch, sondern auf einem Terrassenband nach rechts allmählich ansteigend zu
einer Steilrinne (auf die rote Markierung achten!). Nach der Durch-
steigung der Rinne (1 Stunde 15 Minuten) nach links über einen
bewachsenen Rücken (rechts unten die Schlucht) in wenigen Minuten zu einer Felspartie. Diese ersteigen; stellenweise II. Nach weiteren 15 Minuten ein kleiner Sattel, von dem der Blick in die
vor einem liegende Schlucht frei wird. Gegenüber der Schlucht ein
markanter und überhängender Felsturm. Kurz nach dem Sattel
darauf achten, daß die Steigspuren nicht zur Schlucht hinführen, sondern nach links hoch und dann erst rechts. Der gesamte weitere

Anstieg ist durch Steinmänner und rote Markierungspunkte relativ gut bezeichnet und führt fast immer direkt unter den Südwestabstürzen des Capu Borba entlang. Also stets hoch oberhalb der orogra-

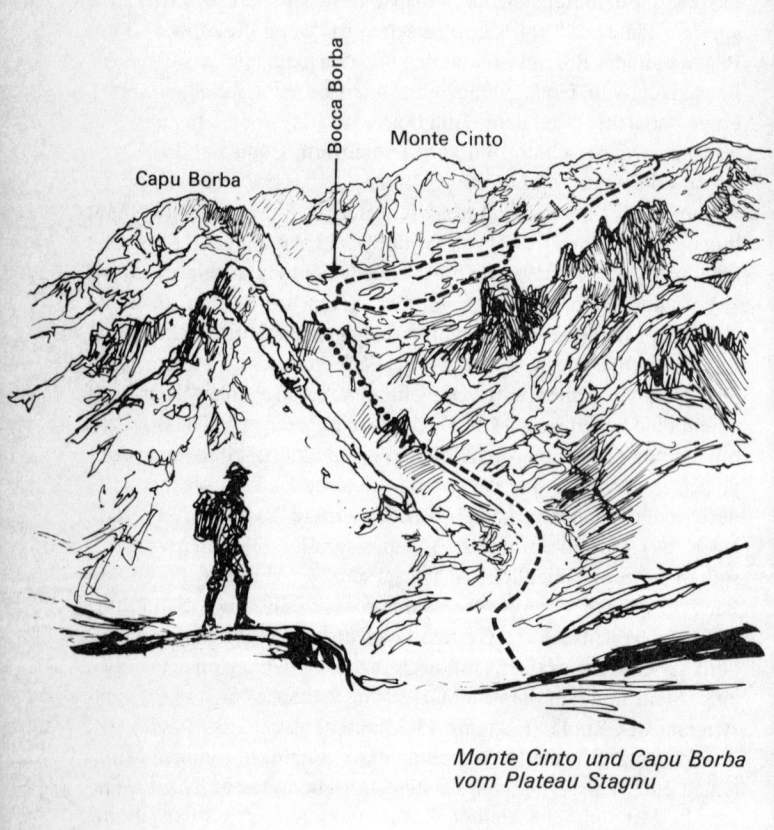

*Monte Cinto und Capu Borba
vom Plateau Stagnu*

-------	Routenverlauf
....	nicht sichtbar
-·--·--·--	Variante

phisch rechten Seite der Schlucht! Erst zum Schluß führen die Steig-spuren nach rechts zum Wasserlauf und danach in einem Bogen nach links zur Bocca Borba (2207 m).

Plateau Stagnu – Bocca Borba: etwa 4 Stunden.

Von der Bocca Borba nach links über Geröllplatten ohne Schwierig-keiten in 20 bis 30 Minuten zum Gipfel des Capu Borba.

Gesamtzeit etwa 4½ Stunden.

(Monte Cinto von der Bocca Borba: Nach Westen zu einem mar-kanten Pfeiler, rechts an diesem vorbei und anschließend nach links über den großen Geröllhang zum Hauptkamm hinauf. Am Westgrat entlang, teilweise südlich absteigend in gut 2 Stunden zum Monte Cinto. Da im Juni mitunter noch Steigeisen erforderlich sind – im Sommer unangenehmes Geröll – ist der Aufstieg von Südosten [Niolu] für die Allgemeinheit etwas angenehmer.)

Der Capu Borba bietet sich als Höhepunkt einer Rundtour direkt an. Daher nach dem Abstieg zur Bocca Borba die Route zur Bergerie Manica verfolgen. Erst halblinks in Serpentinen über die einzelnen Terrassen. Die Route ist durch Steinmänner und rote Punkte markiert (?) und führt plötzlich in einen Kessel hinein, der direkt unter dem Höhenzug Capu Borba – Cima a e Caldane gelegen ist. Vorher auf kei-nen Fall rechts halten, da abgerundete Plattenschüsse. Vom Kessel auf guten Steigspuren nach Nordosten. Vom Waldrand an beachten, daß der Pfad die angegebene Richtung »Nordosten« beibehält und nur bei Serpentinen kurz nach links führt. Eventuelle Steigspuren nach links nicht beachten. Der Gang durch den urwaldähnlichen Wald ist höchst interessant. Zum Schluß verlaufen die Pfadspuren in der Nähe des Manica-Baches. Die Anlagen der Bergerie Manica (Rui-nen) befinden sich in einer romantischen Umgebung.

Capu Borba – Bergerie Manica: 2½ bis 3 Stunden.

Von der Bergerie Manica auf einem verfallenen und teilweise kaum noch erkennbaren Waldweg, der einem Bachbett gleicht, in 45 Minu-ten zur Straße (D 147) im Stranciacone-Tal, die man an der Beton-brücke (Punkt 995) erreicht.

Gesamtzeit für die Rundtour etwa 8 Stunden.

Höhenunterschied Plateau Stagnu – Capu Borba 883 m; Capu Borba – Stranciacone-Tal 1310 m.

Der Golo (größter Fluß Korsikas) entspringt an der Südostseite des
Capu Tafunatu und fließt durch eines der wichtigsten Täler des Niolu,
einem Hochland, dessen Bewohner teilweise heute noch Halbnoma-
den sind. Im Herbst ziehen die Hirten mit ihren Schaf- und Ziegen-
herden an die wärmere Küste und lassen ihre Familien zurück.

Das Klima ist hier rauh, im Sommer wiederum sehr angenehm, so
daß die Dörfer des Niolu (u. a. Calacuccia, Casamaccioli, Albertacce)
nicht nur für den Touristen anziehend wirken, sondern auch für die
Bewohner der Städte Korsikas. Durch den Stausee bei Calacuccia hat
diese Landschaft eine zusätzliche touristische Attraktion erhalten.
Dabei ist schon der Forst von Valdu-Niellu eine Kostbarkeit, der zu
zahlreichen Spaziergängen einlädt. Mit seinen 5000 Hektar ist er
zugleich der größte Wald der Insel.

Calacuccia (845 m) war schon immer Mittelpunkt des Niolu.
Bereits um die Jahrhundertwende hat hier Dr. Felix von Cube in
einem Hotel übernachtet, doch sind die Zimmer der Hotels von heute
wesentlich besser eingerichtet als die vor 70 Jahren. So wie die Pio-
niere des Bergsteigens einst vom Niolu aus in die Berge vorstießen,
gehen die Bergfreunde von heute den gleichen verlockenden Zielen
entgegen, vor allem zum Monte Cinto und zum schönsten Berg der
Insel, zur Paglia Orba.

Eine gut ausgebaute Straße (D 84) führt durch dieses Hochland, so
daß man in kürzester Zeit – über den Col de Verghio hinweg – den
Golf von Porto an der Westküste oder dem Lauf des Golo folgend,
Bastia an der Ostküste erreichen kann.

37 *Pointe de Tula (2142 m)*

Die Besteigung dieses relativ unbekannten Berges endet mit einer
angenehmen Überraschung. Von seinem Gipfel eine nicht erwartete
eindrucksvolle Rundsicht: im Südosten das mächtige Rotondo-Massiv, entgegengesetzt und in unmittelbarer Nähe der Capu Tafunatu
mit dem gewaltigen Loch (30 × 12 m) in seinem Gipfelaufbau. Die
Paglia Orba kann von dieser Seite nicht als der schönste Berg bezeichnet werden.

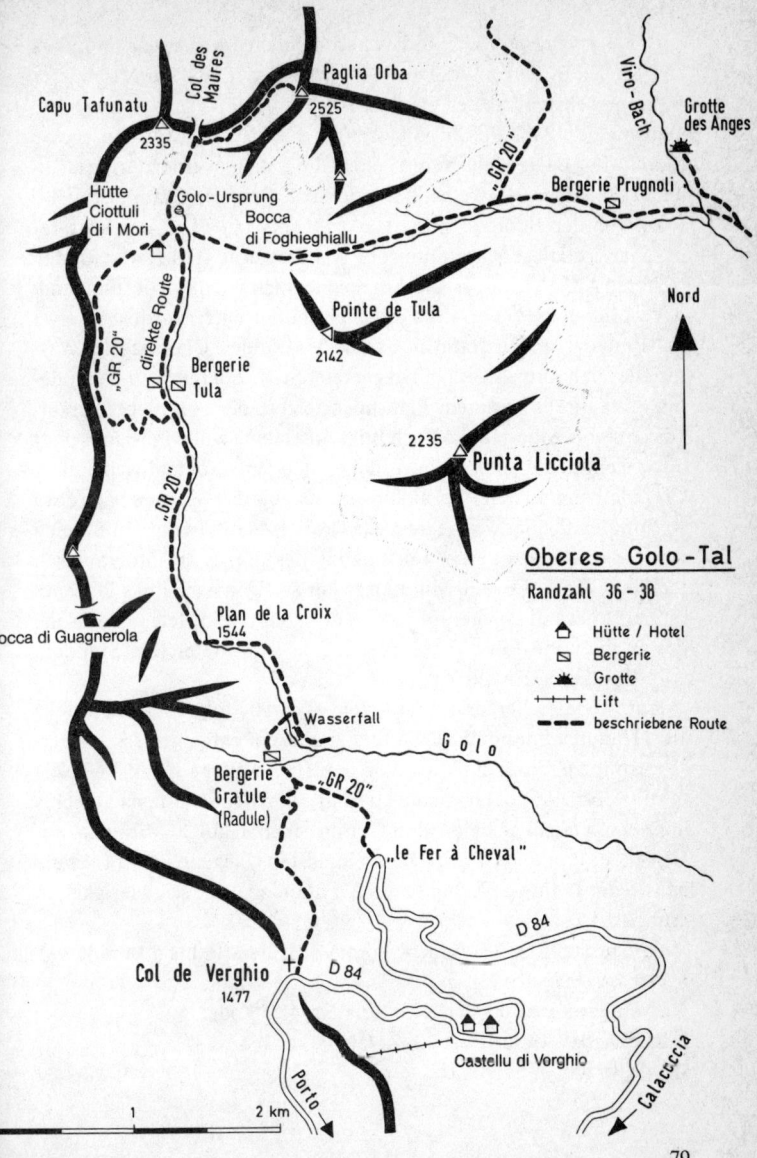

Col des Maures

Paglia Orba
2525

Capu Tafunatu
2335

Viro-Bach

Grotte des Anges

"GR 20"

Bergerie Prugnoli

Hütte Ciottuli di i Mori

Golo-Ursprung
Bocca di Foghieghiallu

direkte Route

Pointe de Tula
2142

Nord

"GR 20"

Bergerie Tula

2235
Punta Licciola

"GR 20"

occa di Guagnerola

Plan de la Croix
1544

Oberes Golo-Tal

Randzahl 36 – 38

Wasserfall

Golo

Bergerie Gratule)
(Radule)

"GR 20"

"le Fer à Cheval"

D 84

Col de Verghio
1477

D 84

Porto

Castellu di Verghio

Calacuccia

1   2 km

♦ Hütte / Hotel
⌧ Bergerie
✳ Grotte
+++++ Lift
▬ ▬ beschriebene Route

79

Der Ausgangspunkt zu dieser angenehmen Tour ist der Parkplatz am Hotel »Castellu di Verghio« (1404 m). Auf der D 84 nur 2 Kilometer bis zum höchsten Paß der Insel: Col de Verghio (1477 m). Vom Denkmal auf der Paßhöhe auf Pfadspuren nach Nordnordosten (gelbe Markierung). Die Steigspuren gehen allmählich in einen ausgezeichneten Pfad über. Nach etwa 1 Stunde ist die Bergerie Gratule erreicht. Kurz vor der Bergerie mündet von rechts ein Pfad, der weiß-rot markiert ist. Diese Markierung des Wanderweges »GR 20« ist für den weiteren Aufstieg bis zur Bocca di Foghieghiallu richtungbestimmend.

Von der Bergerie Gratule auf Steigspuren nach Nordost in etwa 10 Minuten zum Wasserfall »Cascade de Gratule«. Oberhalb des Wasserfalles den jungen Golo an geeigneter Stelle queren. Auf der anderen Seite direkt zu einem Pfad hochsteigen, der von rechts heraufkommt (von Albertacce). Nach links durch eine wilde Felslandschaft mit mächtigen Laricikiefern, dabei stets am orographisch linken Ufer bleiben und den Pfad nicht verlassen, bis das Gelände nach etwa 40 Minuten flacher wird (Plan de la Croix 1544 m). In diesem Bereich den Golo wieder queren. Fortsetzung des Pfades am orographisch rechten Ufer. – (Etwa 10 Minuten später zweigen nach links Pfadspuren zur Bocca di Guagnerola ab.) – Er verläuft nun stets in der Nähe des Baches und führt zur Bergerie Tula 1720 Meter (2½ Stunden; gute Biwakmöglichkeit).

Kurz vor der Bergerie Tula – dem »GR 20« folgend – nach links zum Hauptkamm hochsteigen und an diesem entlang zur Selbstversorgerhütte Ciottuli di i Mori. Von der Hütte weiter auf dem »GR 20« bis zur Bocca di Foghieghiallu (1962 m). Von der Scharte nach rechts über einen leicht ansteigenden Geröllrücken in gut 30 Minuten zum Gipfel der Pointe de Tula. (Die im Südosten gelegene Punta Licciola ist von der Pointe de Tula in etwa 2½ Stunden ohne Schwierigkeiten erreichbar.)

Hotel »Castellu di Verghio« – Pointe de Tula: 4½ bis 5 Stunden.
Höhenunterschied   738 m.
IGN-Karten   1 : 50 000 Blatt Galéria Nr. 41/50 oder
1 : 25 000 Blatt Galéria est Nr. 41/50.
vgl. Seite 176.

Abstieg Auf der Anstiegsroute zurück oder von der Bocca di Foghieghiallu ins Viru-Tal absteigen (Rundtour).

Von der Bocca die Foghieghiallu nach Osten absteigen und der
»weiß-rot« markierten Route des »GR 20« folgen, und zwar bis zum
Beginn des Geländes um die Bergerie Prugnoli. Der »GR 20« führt
dann in nördlicher Richtung weiter. Von dieser Stelle ohne Markierung, jedoch auf gut erkennbaren Pfadspuren hinab zur Bergerie
Prugnoli (1277 m). Der Pfad bleibt auf der orographisch linken Seite
des Baches und erreicht am Punkt 1169 den Viru-Bach. Nach der
Durchquerung (bei hohem Wasserstand ist der Übergang etwa
200 Meter flußaufwärts möglich; Baumstamm) zum Fahrweg im Viru-
Tal hoch und auf diesem (rechts) nach Calasima (1100 m). Von Calasima (Bar) per Anhalter oder Taxi zur D 84 im Niolu und zum Ausgangspunkt zurück.
Pointe de Tula – Calasima: etwa 4 Stunden.
Höhenunterschied 1042 m.

38 *Paglia Orba (2525 m)*

Indessen der Capu Tafunatu dem erfahrenen Kletterer vorbehalten
bleibt, kann die Paglia Orba auf der leichtesten Route auch vom Bergwanderer mit Klettererfahrung erstiegen werden. Zwischen beiden
Bergen liegt der Col des Maures (2155 m).

Von der Selbstversorgerhütte Ciottuli di i Mori zu dem im Norden
der Bergerie Tula gelegenen Col des Maures direkt hochsteigen (etwa
20 bis 30 Min.). Vom tiefsten Punkt der Scharte nach rechts über die
einzelnen Felspartien zu einer kleinen Terrasse (etwa 10 Minuten)
hochklettern. Von rechts kommt die Route von der Bocca di Foghieghiallu. – Von der Terrasse ein überwältigender Blick in die unheimlich wirkende Nordwestwand der Paglia Orba. – Auf dem Weiterweg
erst halbrechts hoch *(Steinmänner beachten!),* dann nach links über
gestuften Fels und Geröll zu einer weiteren Terrasse. Von dieser ein
guter Einblick in eine mächtige Schlucht, durch die der weitere Aufstieg führt. (In der Schlucht ist die Konglomeratscholle aus porphyrischem Geröll besonders gut erkennbar.) Nach kurzen Kletterstellen
(II) in der Schlucht – im oberen Teil rechts halten – wird das Gelände

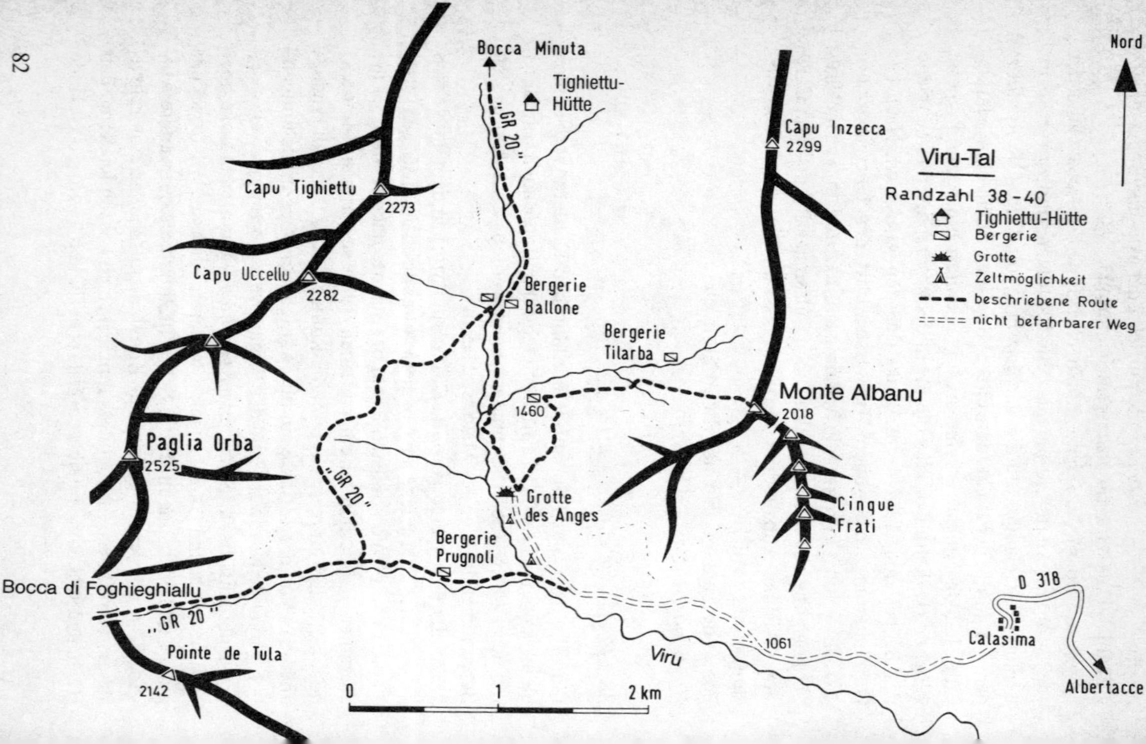
Nord
Viru-Tal
Randzahl 38-40
Tighiettu-Hütte
Bergerie
Grotte
Zeltmöglichkeit
beschriebene Route
nicht befahrbarer Weg
Bocca Minuta
Tighiettu-
Hütte
„GR 20"
Capu Inzecca
2299
Capu Tighiettu
2273
Capu Uccellu
2282
Bergerie
Ballone
Bergerie
Tilarba
Monte Albanu
2018
1460
Paglia Orba
2525
Grotte
des Anges
Cinque
Frati
Bergerie
Prugnoli
„GR 20"
Bocca di Foghieghiallu
„GR 20"
Pointe de Tula
2142
Viru
1061
D 318
Calasima
Albertacce
0
1
2 km

leichter. Liegt Schnee in der Schlucht, dann sind unter Umständen Steigeisen notwendig. Von einer Aussichtskanzel schöner Rückblick zum Loch des Capu Tafunatu und zum Golf von Porto. Bis an die unmittelbare Nordseite der Felsen am Westgrat hochsteigen, dann an diesen entlang fast bis zur »Brêche des Chèvres«, anschließend nach Süden kurz absteigen und nach links zu einem Steilhang hinüberqueren, der von Süden her erstiegen wird. Über das nachfolgende Gipfelplateau angenehm bis zum höchsten Punkt.

Auch vom Gipfel der Paglia Orba eine schöne Rundsicht mit Blick zur Westküste der Insel: im Südosten das Rotondo-Massiv und dazwischen das Niolu mit dem Stausee bei Calacuccia. Der Monte Cinto im Nordosten wirkt von dieser Seite fast majestätisch. Faszinierend der turmreiche Nordgrat der Punta Minuta. Zwischen diesem Berg und dem Monte Cinto der Capu Rosso und der Doppelgipfel des Capu Larghia. Die »Grande Barrière« mit Capu Uccellu und Capu Tighiettu zwischen Paglia Orba und Punta Minuta ist eine Hochgebirgsszenerie in schönster Vollendung.

Hütte Ciottuli di i Mori – Paglia Orba: etwa 2 Stunden (I, stellenweise II).

Höhenunterschied 525 m.

IGN-Karten 1 : 50 000 Blatt Galéria Nr. 41/50 oder 1 : 25 000 Blatt Galéria est Nr. 41/50.

vgl. Seite 176.

39 *Im Banne der Paglia Orba*

Ist es möglich, daß man beim Anblick eines Berges am Ziel seiner Wünsche sein kann? Aus einem Bericht war zu entnehmen, daß ein Freund der Berge im hohen Alter vor seinem Zelt bei Zermatt saß und zufrieden war, endlich den Berg seiner Träume wenigstens zu sehen. Das könnte auch beim schönsten Berg Korsikas der Fall sein, der nicht umsonst das Matterhorn der Insel genannt wird. Und welcher Bergfreund möchte nicht auch auf dem Gipfel dieses Berges stehen? Nun führt aber keine leichte Route auf diese stolze Zinne hinauf. Ein fast gleichwertiger Ersatz für eine Besteigung der Paglia Orba ist eine Wanderung durch das Viru-Tal.

In Albertacce (860 m) die D 84 verlassen und auf der D 318 über Pie-tra-Zitumboli nach Calasima (1100 m) = 6 Kilometer. Die Weiterfahrt ins Viru-Tal war in den vergangenen Jahren nur bis zum Punkt 1061 der IGN-Karte 1 : 25 000 möglich.

Ohne Fahrzeug vom Punkt 1061 in etwa 30 bis 40 Minuten zur Grotte des Anges (1226 m), die eine Art Höhle unter gewaltigen Blök-ken darstellt und durch den davor ebenen Platz erkennbar ist.

An dieser Stelle zeigt sich die Paglia Orba von ihrer schönsten Seite. Die Umrahmung des Viru-Tales von der Paglia Orba bis zum Capu Larghia und Capu Falu bildet eine derart faszinierende Berg-kulisse, daß man diese als Bilderbuchgegend bezeichnen kann. Schon allein aus diesem Grunde sollte man wenigstens bis zur Bergerie Bal-lone weiterwandern.

Von der Grotte des Anges auf den Spuren des alten Forstweges wei-ter nach Norden (stets am orographisch linken Ufer des Baches blei-ben). Der Weg hört auf einer Wendestelle am Waldrand auf. Auf Pfad-spuren in nordwestlicher Richtung zum Bach und an diesem entlang in wenigen Minuten zur Bergerie Ballone (1423 m). Schattenspen-dende Laricriokiefern laden zum Verweilen ein, die tiefen Gumpen des Baches zu einem erfrischenden Bad.

Calasima – Bergerie Ballone: 2½ bis 3 Stunden.

Höhenunterschied   323 m.

Nördlich der Bergerie die Tighiettu-Hütte (1640 m) am »GR 20«.

IGN-Karten   1 : 50 000 Blatt Galéria Nr. 41/50 oder

1 : 25 000 Blatt Galéria est Nr. 41/50. vgl. Seite 176.

40   *Monte Albanu (2018 m)*

Dieser Berg ist ein Beweis dafür, daß man von mittleren Höhen stets die günstigste Sicht zu den mächtigen Riesen hat. Vom Gipfel des Monte Albanu zur gewaltigen »Grande Barrière« zwischen Punta Minuta und Paglia Orba. Und wer vom Aufstieg – zwischen den Lari-ciokiefern hindurch – zum ersten Mal die Ostseite der Paglia Orba erblickt, der wird bestätigt finden, daß nur sie die Königin der korsi-schen Berge sein kann (vgl. Foto Seite 2).

Etwa 3 Minuten nach der Grotte des Anges auf Steigspuren in nord-östlicher Richtung durch ein mit Zwergwacholder und Stechginster bewachsenes Gelände zu einem Höhenrücken (½ Stunde), auf dem (links) eine verlassene Bergerie steht (1460 m). Von der Bergerie auf Pfadspuren in östlicher Richtung. Nach etwa 20 Minuten einen Wasserlauf queren, die Richtung zur Bergerie Tilarba verlassen und zu den letzten Kiefern nach rechts hochsteigen. Anschließend auf einem Höhenrücken entlang bis zu den ersten Felsen des Monte Albanu. Auf einem grünen Band von rechts nach links zu einem Geröllcouloir. Am Ende des kleinen Couloirs rechts hoch zum Gipfel. Im Süden des Berges die kühnen Türme der »Cinque Frati«, ein verlokkendes Ziel für jeden erfahrenen Kletterer.

Grottes des Anges – Monte Albanu: 2 Stunden (leicht).

Höhenunterschied 792 m.

IGN-Karten 1 : 50 000 Blatt Galéria Nr. 41/50 oder 1 : 25 000 Blatt Galéria est Nr. 41/50.

vgl. Seite 176.

Auf der Anstiegsroute zurück (sehr lohnend der Umweg über die Bergerie Ballone am Fuße des Capu Uccellu und Capu Tighiettu).

41 *Monte Cinto (2706 m) von Süden*

Der Monte Cinto ist nun einmal der höchste Berg Korsikas, der – wie in jedem anderen Gebiet – die Touristen anzieht. Touristen ohne Bergerfahrung sollten von einer Besteigung Abstand nehmen, denn auch der Anstieg von Süden ist mühsam. Wenn auch keine größeren Schwierigkeiten auftreten und die Anstiegsroute markiert ist, so ist doch Trittsicherheit und guter Orientierungssinn Notwendigkeit, damit die sonst lohnende Tour zu einem angenehmen Erlebnis wird.

Es muß beachtet werden, daß die Sonne schon von den frühesten Morgenstunden an den Aufstieg wesentlich erschwert. Im Frühjahr und im Sommer *bereits bei Dunkelheit* aufbrechen und eventuell am Vorabend der Tour einen Teil des Anstieges erkunden. Wenn auch die Tage im Herbst sehr kurz sind, so ist eine Besteigung des Monte Cinto in dieser Jahreszeit besonders empfehlenswert.

Am Ortseingang von Calacuccia – Richtung Albertacce – kurz nach der »elf«-Tankstelle nach rechts in Richtung Lozzi (2 km). Dort, wo die Straße in Lozzi in einer scharfen Kehre nach links in den oberen

Ortsteil führt, zweigt eine (nicht befestigte, jedoch befahrbare) Trasse ab, die allmählich ansteigend ins Erco-Tal hineinführt. Die Trasse ist etwa 5 Kilometer im 1. Gang befahrbar.

Vom Ende der Trasse – auf einem abgedeckten Kanal entlang – in etwa 5 Minuten zu einem kleinen Wasserreservoir, das man nach Durchschreiten einer Baumgruppe erreicht. An dieser Stelle des Tales wendet sich der Erco-Bach aus seiner Südrichtung plötzlich nach Osten. Am Reservoir den Bach queren und am orographisch linken Ufer des Erco-Baches den Pfadspuren nach insgesamt 40 Minuten vom Ende der Straße zu den Anlagen der Bergerie Biccarellu und in weiteren 30 Minuten zur Erco-Hütte (Pfadspuren, Steinmänner; Allgemeinrichtung: Westen und damit Verlauf des Erco-Baches). Kurz vor der Hütte stößt man auf eine weiße Markierung, die zum Monte Cinto hinaufleitet und von Lozzi den Zugang über die Bergerie Cesta am Rocher (1577 m) kennzeichnet.

Von der Vereinigung der beiden Routen zieht ein Geröllhang nach Nordwesten hoch. Darüber eine markante Erhebung, die nicht den höchsten Punkt des Monte Cinto darstellt. Der Geröllhang vermittelt den ersten Teil des Anstieges und wird erst im oberen Teil nach links verlassen. Der weißen Markierung und den Steinmännern folgend (teilweise eine alte und rote Markierung sichtbar) hochsteigen. Nach dem Verlassen des Geröllhanges nach links dauert es noch sehr lange, bis der Gipfel erreicht ist. Einige Stellen verlangen etwas Vorsicht (Achtung bei Nebel!), doch ist die Route für korsische Verhältnisse ungewöhnlich gut markiert. Die weißen Flächen – nicht nur Punkte oder Striche – sind schon aus großer Entfernung sichtbar, so daß man ohne Schwierigkeiten den höchsten Punkt des Berges findet. Von Vermessungsarbeiten verschiedene Reste, darunter eine Holzplattform auf dem Gipfel.

Bei guter Witterung eine faszinierende Rundsicht vom Gipfel des Monte Cinto: die meistens vorhandenen Wolken über dem Meer schaffen eine grandiose Kulisse und heben das Gebirge im Meer erst so richtig hervor. Besonders eindrucksvoll der Blick nach Südwesten zum schönsten Berg der Insel, zur Paglia Orba, und zur Punta Minuta mit ihrem turmreichen Nordgrat. Im Nordwesten – tief unten gelegen – das Plateau Stagnu mit seinen Bauten und dahinter der

Hauptkamm, der von der Punta Missoghiu erst nach Norden, dann nach Nordosten zum Monte Padru hinzieht. Die Gipfel im Cinto-Hauptkamm nach Nordosten heben sich kaum voneinander ab. Nach Südosten geht der Blick über das Hochland Niolu (mit dem Stausee von Calacuccia) hinweg zur Rotondo-Gruppe.

Lozzi – Erco-Hütte: 2½ bis 3 Stunden.

Erco-Hütte – Monte Cinto: 2½ bis 3 Stunden.

Höhenunterschied Lozzi – Monte Cinto 1666 m; Erco-Hütte – Monte Cinto 1100 m.

Anmerkung: Die Erco-Hütte ist nicht immer geöffnet. Am Ende der Trasse steht zwar ein Schild mit dem Hinweis, ob die Hütte geöffnet ist, doch darauf kann man sich nicht verlassen.

Günstigster Zugang zur Erco-Hütte

Wie beschrieben, auf einer Trasse von Lozzi ins Erco-Tal. Bei der ersten Gabelung nach links (die zweite Gabelung nach rechts führt in Richtung Bergerie Bicarellu). Die relativ breite Trasse führt zur Bergerie Cesta am Rocher 1577 m. Von der Bergerie in wenigen Minuten zum Cesta-Bach, kurze Zeit danach den Erco-Bach queren und zur Selbstversorger-Hütte Erco aufsteigen.

IGN-Karten 1 : 50 000 Blatt Galéria Nr. 41/50

1 : 50 000 Blatt Corte Nr. 42/50 oder

1 : 25 000 Blatt Galéria est Nr. 41/50

1 : 25 000 Blatt Corte ouest Nr. 42/50.

vgl. Seite 176.

42 *Eine Rundwanderung voller Schönheiten zwischen dem Cinto-Massiv und der Rotondo-Gruppe*

Vom Hotel »Castellu di Verghio« im Niolu (2 km vom Col de Verghio entfernt) auf der Trasse des Schleppliftes empor – nach Westen – zum Capu di Verghio (1593 m; etwa 15 Minuten). Vom Gipfel zuerst auf dem Hauptkamm nach Süden, dann nach Südosten Richtung Capu a u Tozzu.

Von der Bocca â Manuella ansteigend zum Capu â Rughia (45 Minuten). Kurz vor dem Gipfel schöner Rückblick zur Paglia Orba und zum Capu Tafunatu. Vom Capu â Rughia (1712 m) in weiteren 30 Minuten sehr angenehm hinab zum Col de St. Pierre (1452 m;

Felspartien umgehen). Am Col de St. Pierre (kleine Kapelle) mündet von links der weiß-rot markierte Wanderweg »GR 20«, der bis zum Nino-See verfolgt wird. Auf dem gut erhaltenen, uralten Pfad – erst in Serpentinen, dann allmählich ansteigend – bis zur Bocca â Reta (Gesamtzeit bis zur Bocca: etwa 3 Stunden).

Die lohnende Besteigung des Capu a u Tozzu – 2007 Meter – stellt gleichzeitig den Höhepunkt der Rundwanderung dar, dessen Gipfel in 15 Minuten von der Bocca â Reta über einen sanft ansteigenden Hang erreicht werden kann. Großartige Aussicht zum gesamten Cinto-Massiv vom Capu Tafunatu bis zu den Bergen des Traunata-Massivs. Dazwischen liegt das Golo-Tal mit den schönsten Wäldern der Insel. Genau entgegengesetzt – im Süden – die gewaltige Rotondo-Gruppe und unmittelbar am Fuße des Capu a u Tozzu der sagenumwobene Nino-See.

Vom Gipfel auf der Anstiegsroute zurück zur Bocca â Reta und weiter der weiß-roten Markierung folgend zum Nino-See (auf keinen Fall direkt nach Osten zur Bocca â Stazzona absteigen!). Wie aus der Karte 1 : 25 000 Blatt Vico est Nr. 41/51, klar ersichtlich ist, vom Nordufer des Sees nach Nordwesten zur Bocca â Stazzona hochsteigen. Dabei achten, daß man den nordöstlichsten Teil erreicht, in dem sich die günstigste Übergangsstelle befindet (Steinmann). Der Abstieg nach Norden zur Bergerie Colga kann nicht als angenehm bezeichnet werden. Er führt jedoch durch eine sehr eindrucksvolle Landschaft und dauert nur 35 Minuten. Steinmänner und eine Markierung kennzeichnen die Route durch das von Plattenschüssen durchzogene Gelände.

Von der Bergerie rechtshaltend – nach wenigen Schritten – einen Wasserlauf queren. Weiterhin Steinmänner und gelbe Markierung. Kurz am orographisch rechten Ufer entlang. Nach etwa 5 Minuten wieder den gleichen Wasserlauf queren. Jetzt *auf keinen Fall* weiter absteigen (die gelbe Markierung führt hinab zum Forsthaus von Poppaghia an der D 84 zwischen Calacuccia und dem Col de Verghio), sondern sofort halblinks (NW) in den Wald hinein. Schon nach wenigen Schritten beginnt ein horizontal verlaufender Pfad, der durchweg entlang der Höhenlinie 1360 Meter verläuft. Es ist ein Erlebnis, auf diesem Pfad zu wandern, der mit einem Spaziergang

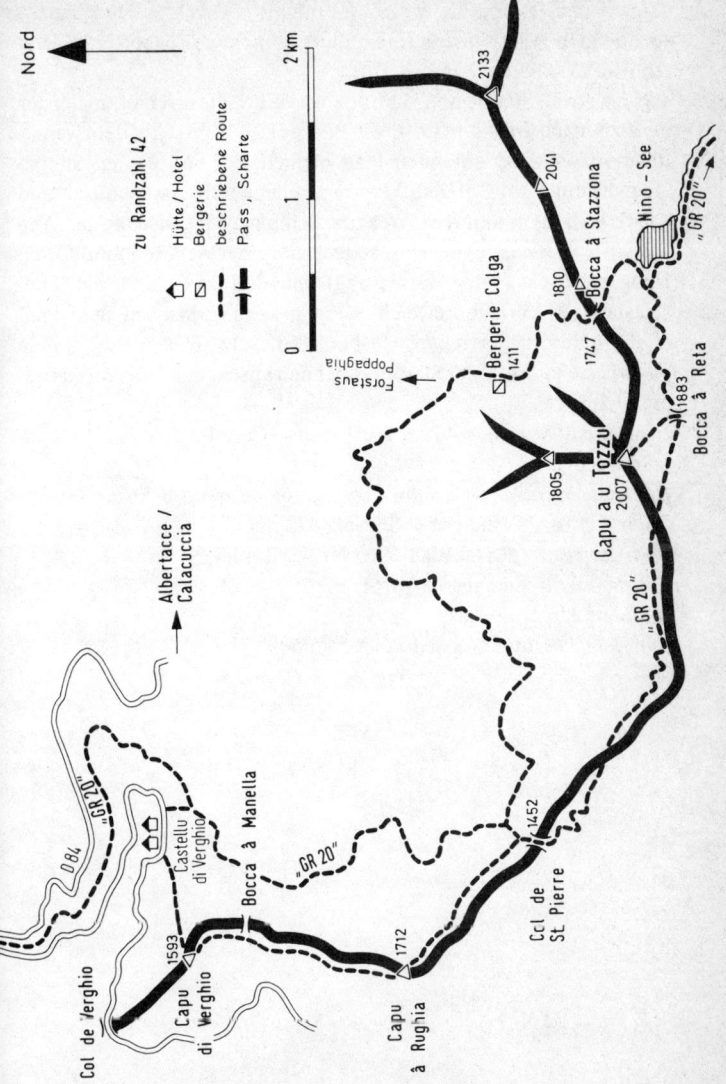

vergleichbar ist und die ganze Zeit hindurch durch einen schatten-spendenden Wald führt, aus dem die Ausblicke zur Paglia Orba ganz einfach faszinierend sind.

Nach etwa 1 Stunde und 15 Minuten ist die Stelle erreicht, an der der »GR 20« nach links zum Col de St. Pierre emporführt. Auf dem weiter-hin horizontal verlaufenden Pfad bleiben, der von der erwähnten Abzweigung zum Col de St. Pierre mit dem »GR 20« identisch und daher weiß-rot markiert ist. Wer zum Schluß der Wanderung den Weg etwas abkürzen möchte, der ersteige nach einer weiteren Stunde den Hang nach links (gelbe Markierung), über den das Gelände am Hotel »Castellu di Verghio« erreicht werden kann. Sonst auf dem Pfad bleiben, der an der Kurve »le Fer à Cheval« (1329 m) die Straße (D 84) erreicht. Auf der Straße allmählich ansteigend zum Ausgangs-punkt zurück.

»Castellu di Verghio« – Capu a u Tozzu – »Castellu di Verghio«: etwa 7 Stunden.

Höhenunterschied »Castellu di Verghio« – Capu a u Tozzu 603 m; Capu a u Tozzu – »le Fer à Cheval« 678 m.

IGN-Karten 1 : 50 000 Blatt Vico Nr. 41/51 oder 1 : 25 000 Blatt Vico est Nr. 41/51.

vgl. Seite 176.

Unterkunft Hotel »Castellu di Verghio«.

Zentral-Korsika

43 *Capu d'Orto am Golf von Porto*

Es ist nicht angebracht nach Worten zu suchen, wenn ein ungewöhnlich schönes Landschaftsbild bereits so treffend geschildert wurde,
wie von Pierre Bonardi im MERIAN-Heft »Korsika« (1962):

»All diese Schönheiten, all diese Großartigkeiten fügen sich mit
solcher Feinheit und Klarheit ineinander, daß im Augenblick, da man
in eine Schlucht eindringt, die höchstens zur Hölle führen könnte,
jäh ein Panorama lockt, sich verdeutlicht, sich erschließt, das uns
schneeumsäumte Berge freigibt, einen Märchenwald oder das Meer.
Eine mediterrane Rhapsodie! Der Saphir, den wir von der Höhe der
Wälder, die unseren Rückzug vom ewigen Schnee zu den Agaven
und Feigenbäumen begleiteten, bewundert und uns ausgesucht haben, ist
der Golf von Porto«.

Sonne, Fels und Meer sind hier vereint. Ein ungewöhnliches
Naturschauspiel, das jeden Touristen fasziniert. Doch die Krönung
bleibt den Bergsteigern vorbehalten, wenn sie vom Gipfel des Capu
d'Orto den farbenfrohen Sonnenuntergang im Westen und nach
einem Biwak den Sonnenaufgang über den Bergen erleben. Dazu
kommt noch der grandiose Tiefblick auf den Golf von Porto und die
zerklüftete Küste der Calanche zwischen Porto und Piana.

44 *Capu d'Orto (1294 m)*

Von der D 81 zwischen Porto und Piana – etwa 150 Meter nach der
Tafel »Les Calanches« und vor der Brücke »Pont de Mezanu« kurz
vor Piana – führt nach links ein unbefestigter Fahrweg.

Auf diesem in wenigen Minuten zu einem Sportplatz. Entweder den
Sportplatz diagonal queren oder unmittelbar rechts vorbei und am Ende
gleich nach links gehen. Man stößt direkt auf eine Brücke über den
Piazza-Moninca-Bach. Hier beginnt die Markierung »roter Punkt auf
weißem Rechteck« (nur noch teilweise sichtbar. Neue Markierung ab
der Brücke am Sportplatz: orange/grün). Auf einem ausgezeichneten
Pfad und in allmählich ansteigenden Kehren in etwa 1 Stunde zur Bocca
di Piazza Moninca, von der in südöstlicher Richtung blickend eine

markante Scharte im Hauptkamm. Es ist die »Foce d'Orto«. Der höchste Punkt im Kammverlauf nach rechts: Capu di u Vitullu (1331 m).

Zwischen der Bocca di Piazza Moninca und »Foce d'Orto« ein bewaldetes Hochtal, das erst absteigend, dann ansteigend gequert wird. Nach etwa 1½ Stunden ist die Quelle »Fontaine di Piazza Moninca« erreicht. An einem Stein – gleich nach der Quelle – ist die Bezeichnung »Fontaine« angebracht. Kurz danach zweigt nach rechts die Route zum »Vitullu« ab. In angenehmen Serpentinen nach links durch den Wald zur »Foce d'Orto« (2 Stunden).

Im Nordwesten der »Foce d'Orto« ein Gratrücken, der von Westen nach Osten hinaufzieht. Dort wo am Grat die steilen Südostabstürze beginnen, führt von links nach rechts ein Couloir hoch. Über Felsblöcke und Plattenschüsse in nordwestlicher Richtung (Steinmänner) bis zum Beginn des Couloirs (etwa 15 Minuten). Das bewachsene Couloir stellenweise direkt für den Aufstieg benutzen oder nach rechts in die Felsen ausweichen. Nach etwa 30 Minuten ist ein Sattel erreicht, der in nordöstlicher Richtung gequert wird. Anschließend in einem Bogen nach Norden zu einer Mulde absteigen. Diese an der rechten Begrenzung queren und am Fuße der Felsen entlang zu einem grünen Couloir (am Ende kleiner Sattel). – Im Westen interessante Verwitterungsformen. – Kurz vor dem Sattel nach rechts über Felsblöcke hinweg zum Gipfel.

D 81 – Capu d'Orto: etwa 3½ Stunden.
Höhenunterschied 827 m.
Variante: Vom Sportplatz durch ein Hochtal in östlicher Richtung. Kurz vor der Foce d'Orto Vereinigung mit der beschriebenen Route: vgl. IGN-Wanderkarte 1:50000 von Didier & Richard Nr. 20 (Corse Nord).
IGN-Karten 1:50000 Blatt Vico Nr. 41/51 oder
1:25000 Blatt Vico ouest Nr. 41/51. vgl. Seite 176.

45 *Wanderung durch die Spelunca-Schlucht*

Korsika hat viele Schluchten und die, die verkehrsmäßig erschlossen sind, werden in der Regel überbewertet. Das trifft auch auf die »Gorges de Spelunca« an der D 84 und D 124 zu. Sie wird in allen Veröffentlichungen über die Insel genannt, aber unrichtig beschrieben. Es wird

vor allem vergessen, daß die Schlucht selbst nur ein kleiner Bestandteil einer großartigen Umgebung ist. Wer sie durchwandert, der wird
eine typisch korsische Macchia-Landschaft ohne besondere Ausblicke kennenlernen. Auf dem ersten Abschnitt ist der Pfad noch
bestens erhalten und daher für die Allgemeinheit empfehlenswert.

Evisa ist eine reizend gelegene Sommerfrische, ein typisch korsisches Dorf, an der D 84 zwischen dem Golf von Porto und dem Col de
Verghio. Am Friedhof beginnt ein Maultierpfad, der in zahlreichen
Kehren in die eigentliche Schlucht hinabführt, die nach etwa 1 Stunde an der einbogigen genuesischen Brücke »Pont de Zaglia« erreicht wird. Hier mündet der Aitone-Bach in den Porto. Nach der
Brücke – ohne nennenswerte Höhenunterschiede – am orographisch
linken Ufer des Porto entlang bis zur »Ponte Vecchiu« an der D 124.
Damit ist das Ende des üblichen Wanderweges durch den interessantesten Teil der Spelunca-Schlucht erreicht.

Evisa – Ponte Vecchiu: etwa 2 Stunden.   *Höhenverlust* 620 m.

Der zweite Teil des Weges zwischen Ponte Vecchiu und Porto
wird seit dem Bau der D 124 nicht mehr benutzt und ist schon weitgehend von der Macchia überwuchert. Nur die zweite genuesische
Brücke (unweit der Ponte Vecchiu; bekannt als Brücke von Ota; richtig: »Pont Genois de Pianella«) wird noch über Jahrzehnte hinweg auf
diesen uralten Pfad hinweisen. Unter der Brücke ein tiefer Badegum-
pen mit kristallklarem Wasser.

Zur Durchführung der Tour   mit dem Omnibus nach Evisa. Nach der
Durchwanderung der Schlucht (in umgekehrter Richtung nicht empfehlenswert) auf der D 124 über Ota nach Porto (8 km). Günstiger ist
es, ein Auto an der Einmündung der D 124 in die D 84 in der Nähe der
»Pont de Listincone« abzustellen und mit einem zweiten Wagen nach
Evisa zu fahren. Dadurch hat man ein Fahrzeug am Ausgangspunkt
und fast am Ende der Tour. Von der Ponte Vecchiu auf der D 124
ansteigend zur D 84: etwa 20 Kilometer bis Evisa. Der Verkehr auf der
D 84 ist stark, so daß man auch per Anhalter schnell nach Evisa
kommt.

IGN-Karten   1 : 50 000 Blatt Vico Nr. 41/51 oder
1 : 25 000 Blatt Vico ouest Nr. 41/51.

vgl. Seite 176.

Wer nach den starken Niederschlägen der Jahre 1971/72 im Juni vom Cinto-Hauptkamm nach dem Süden blickte, der erlebte eine Vision im Mittelmeerraum. Es war aber keine Vision, es war ein Bild der Wirklichkeit: die Nordseite des Massivs war wie im tiefsten Winter mit Schnee bedeckt. In der Eiszeit kann es kaum anders ausgesehen haben. Gehörte doch die Rotondo-Gruppe zu den größten und am stärksten vergletscherten Gebieten Korsikas. Durch das Tavignano-, Restonica- und Verjello-Tal bewegten sich einst gewaltige Gletscherströme. Die großräumigen Kare und die zahlreichen Seen erinnern uns an diese Zeit. Für den Geologen ist darüber hinaus interessant zu erfahren, daß Granit zwar vorherrscht, an der Punta alle Porte außerdem die bedeutendsten Vorkommen an Granulit (Zweiglimmergranit) und an den Südhängen des Monte Rotondo Hornblendengranite zu verzeichnen sind.

Die gesamte Rotondo-Gruppe ist ein großartiges Wandergebiet, die Auswahl an Kletterrouten ist dagegen klein. Schon frühzeitig erkannte man die besonderen Schönheiten dieser Berggruppe. In dem 1854 erschienenen Buch »Corsica« berichtet der bekannte Kulturhistoriker Ferdinand Gregorovius, daß er am Monte Rotondo die Urstätte der Natur gefunden hat. Mit treffenden Worten schildert er seine Besteigung des Monte Rotondo:

»Von diesem 9000 Fuß (genau 2764 Metres) über dem Meere gelegenen höchsten Gipfel Corsicas übersah ich den größten Teil der Insel und das Meer tief zu ihren Füßen und zu ihren beiden Seiten, ein Anblick von unsäglicher Größe, und den einmal gehabt zu haben, man sein Lebenlang sich freuen darf. Der Horizont, welchen man vom Rotondo überblickt, ist bei weitem großartiger und schöner als der des Mont-Blanc. Weit hin streift das Auge über das Inselland weg in die strahlenden Meeresfernen, hinaus über die toscanischen Inseln nach dem Festlande Italiens, welches bei heiterer Luft die weißen Seealpen und den ganzen Uferbogen von Nizza bis nach Rom zeigt. Auf der anderen Seite tauchen die Berge von Toulon auf, und so kann der Blick ein wunderbares und großes Panorama umspannen, welches Berge und Meer, Eilande, die Alpen, die Apenninen und Sardinien in einen Zauberring schließt.«

Vor über 100 Jahren war man also noch der Ansicht, daß nur der Monte Rotondo der höchste Berg der Insel sein konnte. Wenn er auch später degradiert wurde, so hat man von seinem Gipfel auch heute noch die gleiche faszinierende Aussicht: im Norden das Cinto-Massiv und im Süden die wichtigsten Zweitausender der Insel, Monte d'Oro, Monte Renoso und Monte Incudine.

Wem eine Bergtour zum Monte Rotondo zu lang erscheint, der sollte wenigstens durch das Restonica-Tal bis zur Bergerie Grotelle fahren und von dort aus zum Melo- und Capitello-See wandern, die wie Edelsteine in einer romantischen Landschaft verborgen liegen.

47 *Durch das Restonica-Tal zum Melo- und Capitello-See*

Corte ist schön, Corte muß man gesehen haben! Doch wer diese Stadt, in der heute noch das eigentliche Herz Korsikas schlägt, verläßt und in das liebliche Restonica-Tal hineinfährt, der wird bald dem eigenartigen Zauber verfallen sein, den dieses Tal auf alle Besucher auszuüben vermag. Hier hat man nicht den Eindruck – wie in anderen Tälern der Insel – von den Bergen erdrückt zu werden. Nur wenige Engstellen hat das Tal aufzuweisen. Allmählich ansteigende und bewaldete Hänge bilden eine wirkungsvolle Kulisse und erst danach erheben sich die Gipfel. Die Restonica fließt munter dahin, in deren kristallklarem Wasser tummeln sich zahlreiche Forellen.

Die gute, aber kurvenreiche und enge Straße kann bis zur Bergerie Grotelle befahren werden (etwa 17 km von Corte), wenn nicht gerade ein Erdrutsch stattgefunden hat. Den Abschluß dieses einzigartigen Tales bildet der Pic Lombarduccio, dessen Westgipfel von der Bocca Chiostru relativ leicht erreichbar ist.

Zwei Bergseen kann der Wanderer erreichen, wenn er mindestens Leicht-Bergschuhe an hat. Der Pfad von der Bergerie Grotelle ist nicht schwer, jedoch sehr steinig und zum Schluß geht es über eine Steilstufe hoch, die bei Regen gefährlich werden kann (Sicherheitseinrichtungen überprüfen). Und dann liegt auf einmal der liebliche Melo-See vor einem und ladet zum Verweilen ein. Vor dem See ein markanter Riesenfelsblock, der den historischen Lagerplatz von Dr. F. von Cube aus dem Jahre 1904 markiert.

Bergerie Grotelle – Melo-See: 1 Stunde.

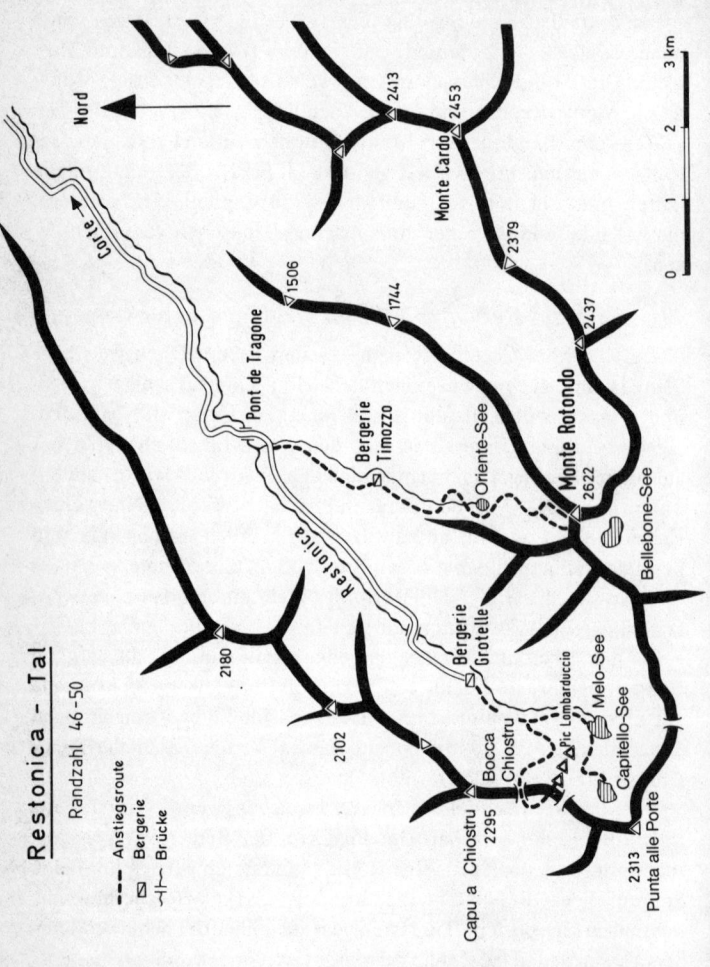

Restonica – Tal

Randzahl 46–50

- - - - Anstiegsroute
◻ Bergerie
⊣⊢ Brücke

Nord

Corte

2413
2453
Monte Cardo
2379
2437
1506
1744
Pont de Tragone
Bergerie Timozzo
Oriente-See
Monte Rotondo
2622
Bellebone-See
Restonica
2180
2102
Bergerie Grotelle
Bocca Chiostru
Pic Lombarduccio
Melo-See
Capitello-See
Capu a Chiostru
2295
2313
Punta alle Porte

0 1 2 3 km

– Der übliche Pfad ist markiert! Nach fast zwei Dritteln der Wegstrecke zweigt nach links ein *unmarkierter* Pfad ab – den Restonica-Bach dabei queren – und ohne Kletterstellen in einem Bogen zum Melo-See (vgl. Karten). –

Höhenunterschied 400 m.

Wo liegt aber der schönste Bergsee Korsikas, der »Lac de Capitello? Vom Westufer des Melo-Sees erblickt man rechts einen Wasserlauf, der die Allgemeinrichtung anzeigt. Die zahlreichen Bergwanderer und Touristen haben der Markierung nach einen breiten Pfad geschaffen. Nach der Querung eines Wasserlaufes wird das Gelände etwas flacher und steigt zum Schluß noch einmal leicht an. Plötzlich bleibt man stehen und kann nur noch staunen. Alle Erwartungen werden weit übertroffen, vor allem durch das steile Nordufer. Wer schon frühzeitig hier oben ist und den See südlich umgeht, dem werden bei günstiger Beleuchtung stimmungsvolle Aufnahmen gelingen.

Melo-See – Capitello-See: 1 Stunde.

Höhenunterschied 219 m.

Hinweis: Außer auf der Bergerie Grotelle (originelle Bar »U Stazzu«) gibt es im Restonica-Tal weitere Raststätten mit Bewirtung sowie Hotels am Anfang des Tales.

Wie inzwischen auf ganz Korsika, so ist auch im Restonica-Tal das freie Zelten verboten. Ab 20 Uhr müssen alle Fahrzeuge das Tal verlassen haben, auch Wohnmobile und alle Campingfahrzeuge. Aufenthalt nur auf dem Camping-Platz möglich.

48 *Pic Lombarduccio (2261 m)*

Zwischen dem Pic Lombarduccio und dem nördlich gelegenen Capu a Chiostru: Bocca Chiostru. Von dieser zieht ein markantes Bachbett hinab ins Restonica-Tal. Den Pfad von der Bergerie Grotelle zum Melo-See nach etwa 20 Minuten verlassen und am orographisch rechten Ufer des erwähnten Bachbettes empor zur Bocca Chiostru. Nach dem Überschreiten der Scharte nach links über einen Geröllhang zum Westgipfel des Pic Lombarduccio (die Route zum höheren Hauptgipfel ist sehr schwierig). Vom Gipfel ein schöner Tiefblick zum Capitello-See und zu dem im Nordwesten am Fuße des Berges gelegenen »Lac de Goria«.

Bergerie Grotelle – Westgipfel: 2½ Stunden.
Höhenunterschied etwa 830 m.
Der Abstieg von der im Südwesten des Berges gelegenen »Brêche de Goria« zum Capitello- und Melo-See kann auch im Juni noch mit erheblichen Schwierigkeiten verbunden sein (steile Schneefelder!). Am einfachsten auf der Anstiegsroute zurück.

49   *Monte Rotondo (2622 m)*

Von Corte auf der D 623 bis zur großen Brücke »Pont de Tragone« (11 km) im Restonica-Tal. Etwa 400 m danach die kleine Pont de Timozzo. Vor der Brücke (links) günstige Parkmöglichkeit. Bis zur Abzweigung nach links in Richtung Bergerie Timozzo sind es dann nur noch 700 m.

Der Aufstieg beginnt mit einem breiten, aber steilen Forstweg. Am Ende des Weges nicht nach links zum Bachbett, sondern rechts am orographisch linken Ufer des Timozzo-Baches bleiben. Auf einem guten, durch Steinmänner gekennzeichneten Pfad in Serpentinen hoch. Nach etwa 1 Stunde wird der Hochwald verlassen. Der Pfad führt durch eine Mulde hindurch und anschließend nach links auf einen Höhenrücken hinauf. Von diesem ist die Bergerie Timozzo – links auf dem gegenüberliegenden Hang – zu sehen. Von der Fahrstraße in 1½ Stunden zur Bergerie Timozzo.

Entweder auf dem Höhenrücken bleiben oder von der Bergerie auf Pfadspuren zu diesem hochsteigen (nach Süden). Der Anstieg verläuft über den erwähnten Höhenrücken, z. T. durch Erlengestrüpp hindurch, doch ist der Pfad durch Steinmänner bestens markiert (auf keinen Fall einem deutlich sichtbaren Hirtenpfad nach rechts folgen!). Erst im oberen Teil den Rücken nach links verlassen, kurz absteigen und in einem Bogen nach links einen mit Erlen bewachsenen Kessel queren (rechts Wasserfall), anschließend durch Erlengestrüpp rechts hoch. Über kleinere Rasenflächen und flachliegende Felsplatten zum Oriente-See (2061 m; 1½ Std. von der Bergerie Timozzo). Unmittelbar am westlichen Ufer des Sees entlang zur Südostseite. Das Gelände vor dem Monte Rotondo ist durch einige Felsstufen besonders gekennzeichnet, die in Serpentinen nacheinander von Südosten nach Südwesten erstiegen werden. Steinmänner und Steigspuren erleichtern die Suche nach der günstigsten Anstiegsrichtung. Das Gelände ist so gegliedert, daß man fast überall gut durchkommt.

Schon vom See aus ist der markante Westabsturz des Monte Rotondo und der sich anschließende »Collet du Rotondo« bestens erkennbar. Ein Couloir vermittelt den Aufstieg zu dieser Scharte, das nur bei günstigen Schneeverhältnissen empfohlen werden kann (im Frühjahr unter Umständen Steigeisen, Pickel und Seil notwendig). Nach dem Erreichen des »Collet du Rotondo« nach links einige Felspartien überklettern, anschließend von Süden her zum Gipfel.

Günstiger ist es, diese Route am Beginn des Couloirs nach links zu verlassen. Unmittelbar unter den Nordabstürzen des Monte Rotondo bis zum Beginn des Nordostgrates queren. Kurz vorher nach rechts durch einen Kamin und eine anschließende Rinne (Vorsicht! Steinschlag!) nach Nordwesten zum höchsten Punkt.

Not-Unterkunft in der Gipfelhütte »Cabane Helbronner du Rotondo«.

Pont du Tragone – Monte Rotondo: etwa 5 Stunden.

Schwierigkeit: I + (nur beim letzten Anstieg zum Gipfel).

Höhenunterschied   Pont du Tragone – Monte Rotondo 1669 m.

IGN-Karten   1 : 50 000 Blatt Venaco Nr. 42/51 oder
1 : 25 000 Blatt Venaco ouest Nr. 42/51.

vgl. Seite 176.

50   *Monte Rotondo von Süden*

1.   Von Tattone an der N 193 zwischen Col de Vizzavona und Vivario nach Canaglia. Durch das Manganello-Tal nach Nordwesten zur Selbstversorger-Hütte »Pietra-Piana« (Platz für 24 Personen, Butan-Gaskocher, Geschirr, gute Lager), die 200 Meter oberhalb der Bergerie Gialgo gelegen ist. Weiß-rote Markierung von der Bergerie Tolla im Manganello-Tal bis zur Hütte. Von der Hütte nach Norden über einen kleinen Bach. Bald danach stößt man auf Steinmänner, die über ein flaches Wiesenstück zu einer Scharte hinaufweisen (ca. 1 Stunde). Von der Scharte nach links hinab, anschließend leichter Aufstieg zum

Bellebone-See, den man vorher nicht erblicken kann. Am See nach rechts über den Auslauf und dann nach links halten (ca. 20 Minuten). Der Weiterweg führt nach rechts (in nordöstlicher Richtung) über ein unangenehmes Geröllfeld zu einer Scharte und dann nach links zum Gipfel (ca. 40 Minuten). Vor dem Gipfel leichte Kletterstelle!

Gesamtzeit: ca. 2 Stunden
Höhenunterschied: 780 m.

2. Kurz nach der Pont du Vecchio nördlich von Vivario durch das Naturschutzgebiet des Verjello-Tales. Die Forststraße ist vor allem im ersten Teil zeitweise gerade noch befahrbar und endet nach rund 8 Kilometern am Punkt 1046 Meter. Campingverbot im gesamten Tal. Am Ende der Straße gute Parkmöglichkeit. Auf markiertem Pfad über die Bergerie Gialghello zur Bocca Tribali und weiter auf Pfadspuren zur Bergerie Gialgo und zur Schutzhütte »Pietra-Piana«. Wie unter 1. zum Monte Rotondo.

IGN-Karten 1:50 000 Blatt Venaco Nr. 42/51 oder
1:25 000 Blatt Venaco ouest Nr. 42/51.

vgl. Seite 176.

51   *Monte d'Oro (2389 m)*

Wer von der Schwäbischen Alb kommt, der fühlt sich am Col de Vizzavona wie zu Hause. Die Buchen zaubern eine einheimische Atmosphäre und nur der mächtige Gebirgsstock des Monte d'Oro erinnert daran, daß man sich in einem anderen Land befindet.

Vizzavona ist nur 60 Kilometer von Ajaccio entfernt und wenn in der Hauptstadt der Insel im Hochsommer die Temperaturen unerträglich sind, liegt das Mittel am 1163 Meter hohen Col de Vizzavona bei 16° C. So stellen die prächtigen Wälder östlich des Passes eine ideale Sommerfrische dar. Durch die überaus günstigen klimatischen Verhältnisse bedingt, entstanden hier oben schon frühzeitig die ersten Hotels. Vizzavona ist auch Bahnstation der Strecke Bastia – Ponte Leccia – Corte – Ajaccio.

Die Berge um den Monte d'Oro bestehen überwiegend aus Ein- und Zweiglimmergranit. Die Eiszeit hat sie geformt und tiefeingeschnittene Kare und Tröge geschaffen. Obwohl der Vizzavona-Paß

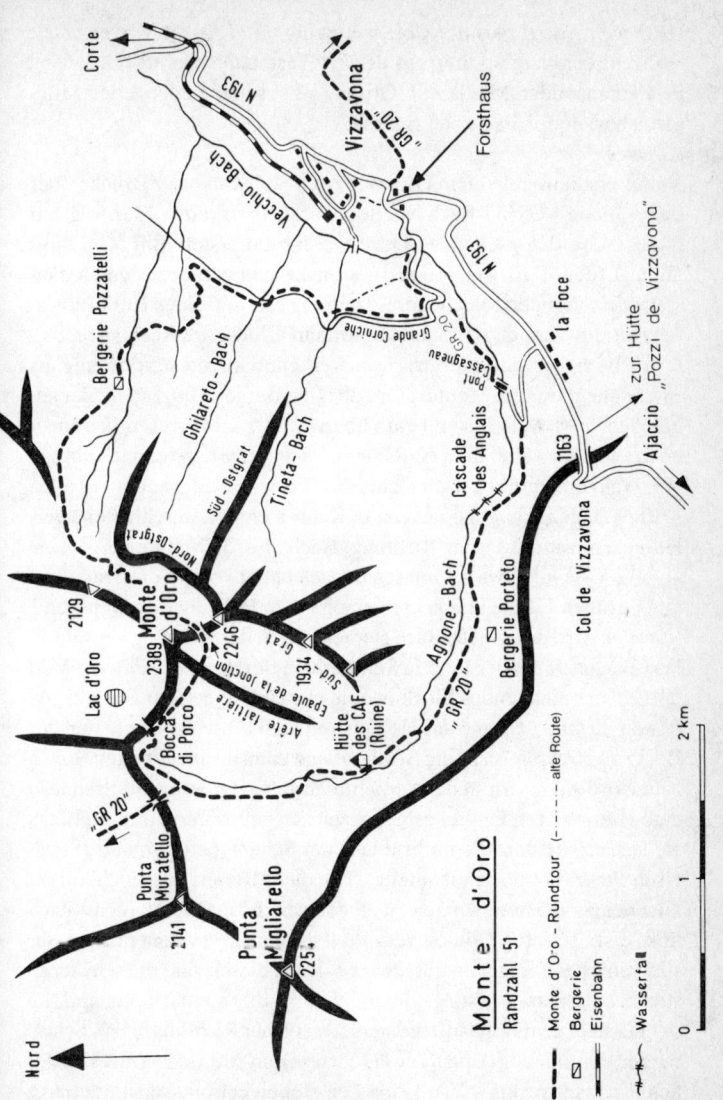

Monte d'Oro
Randzahl 51

Nord

Legend:
— Monte d'Oro – Rundtour (– · – · – alte Route)
∅ Bergerie
═══ Eisenbahn
—‖—‖— Wasserfall

0   1   2 km

Labels on map:
Corte
Vizzavona
"GR 20"
Forsthaus
N 193
Vecchio-Bach
Bergerie Pozzatelli
Ghilareto-Bach
Grande Corniche
GR 20
Pont Cassagneau
la Foce
Ajaccio   zur Hütte „Pozzi de Vizzavona"
Süd-Ostgrat
Tineta-Bach
Nord-Ostgrat
Cascade des Anglais
Agnone-Bach
Bergerie Porteto
"GR 20"
2129
Monte d'Oro
2389
2246
Lac d'Oro
Bocca di Porco
Épaule de la jonction
"Süd"-Grat
1934
Arête latitière
Hütte des CAF (Ruine)
Col de Vizzavona
1163
"GR 20"
Punta Muratello
2141
Punta Migliarello
2254

101

(1163 m) niedriger als der Col de Verghio (1477 m) ist, war er in der Würmeiszeit vergletschert. In der im Westen des Col de Vizzavona gelegenen wilden Migliarello-Gruppe gibt es heute noch einen Mini-gletscher, den »Glacier de Busso«.

Aufstieg:

Vom Forsthaus auf einem Forstweg nach Südwesten zur Brücke über den Agnone-Vecchiu-Bach (vor der Brücke Sperrkette). Man folgt auf diese Weise dem »GR 20«. Dort, wo er zum ersten Mal nach links abbiegt (dem Forstweg folgend), erblickt man geradeaus einen mei-stens beschädigten Maschendrahtzaun. Dieser soll einen Entlüftungs-schacht des Tunnels der Schmalspurbahn absichern? Rechts von die-sem Schacht beginnt eine nur schwach erkennbare rote Markierung. Es ist der alte Pfad zum Monte d'Oro über die Bergerie Pozzatelli, der all-mählich durch Macchia und Farn überwuchert wird. Wesentlich ange-nehmer ist es, weiter dem »GR 20« zu folgen. Dort, wo er nach links in den Wald hineinführt, nach rechts dem Forstweg folgen, der auf allen Karten eingezeichnet ist. Zuerst in Kehren empor, anschließend ver-läuft er in fast nördlicher Richtung. Nach etwa 30 Minuten links eine gefaßte Quelle! Etwa 5 Minuten danach endet vorerst die Trasse auf einer grünen Fläche und geht in einen guten Pfad über. In weiteren 5 Minuten wird der Tineta-Bach gequert. Nach der Querung des Ghira-leto-Baches führt der Pfad in Serpentinen durch einen Kiefern-Wald und ein anschließendes Blockmeer in etwa 2 Stunden zur Bergerie de Pozzatelli (1526 m), die aus Höhlen und Steinhütten besteht. Von der Bergerie direkt in Richtung Nordgrat und dann in einem weiten Bogen zum Nordostgrat. In steilen Serpentinen gelangt man nach 1 Stunde in einen imposanten Felsenkessel mit seltsam geformten Türmen. Links steile Geröllfelder, die im Frühjahr mit Schnee bedeckt sind (Steig-eisen/Pickel mitunter notwendig). Um diese Riesenhalde nicht direkt angehen zu müssen, wird sie in einem weiten Bogen von rechts nach links erstiegen. Ein Couloir vermittelt die günstigste Route beim Auf-stieg durch die folgenden Steilhänge. Nach diesen sind die schwierig-sten Passagen des Aufstieges überwunden. Über das flache Gelände an der Ostseite des Gipfelaufbaus in südwestlicher Richtung bis zur Schul-ter der Vereinigung (Epaule de la Jonction) am Südsüdostgrat. Von der Schulter nach rechts (NNW) zwischen großen Felsblöcken hindurch in etwa 15 Minuten zum Gipfel.

de la Jonction) am Südsüdostgrat. Von der Schulter nach rechts (NNW) zwischen großen Felsblöcken hindurch in etwa 15 Minuten zum Gipfel.

Das beeindruckende an der gesamten Rundsicht vom Monte d'Oro ist nicht unbedingt der Blick zu den Bergen (im Norden Monte Rotondo, im Süden Monte Renoso), sondern der über die auslaufenden Bergketten hinweg zum Meer.

Forst von Vizzavona – Monte d'Oro: mindestens 4 Stunden (Schwierigkeit I, stellenweise II). *Höhenunterschied* 1483 m.

Abstieg (etwa 4 Stunden): Markierung »Gelb-Gelb« bis zum Beginn des »GR 20« unterhalb der Crête de Muratello.

Zurück zur »Schulter der Vereinigung«. Nach Südwesten kurz absteigen und einen steilen Geröllhang (im Frühjahr mit Schnee bedeckt und unter Umständen gefährlich!) nach rechts queren, der von einem Gratrücken (Arête de faîtière) begrenzt wird. Danach leicht über einen Geröllrücken zur Bocca di Porco. Imposanter Rückblick zum Monte d'Oro. An seiner Nordwestseite der »Lac d'Oro«.

Von der Bocca di Porco erst nach Südwesten, dann nach Süden absteigen, wobei der Agnone-Bach die Allgemeinrichtung anzeigt und die weiß-rote Markierung des Wanderweges »GR 20« bis zum Zeltplatz in der Nähe des Forsthauses von Vizzavona verfolgt wird. Nach der Durchquerung eines Erlengestrüppgürtels führen Steigspuren direkt zum Agnone-Bach. Diesen überschreiten – an den spärlichen Resten der ehemaligen Hütte des CAF vorbei – nur ein kurzes Stück am orographisch linken Ufer entlang, anschließend wieder hinüber zum rechten. Wenige Minuten nach der Querung (Brücke ?) führen Spuren nach rechts zur Bergerie Porteto. Auf dem Pfad in der Nähe des Baches bleiben. Das mächtige Rauschen der bekannten »Cascades de Anglais« künden die Wasserfälle an, die ein großartiges Naturschauspiel darstellen.

Pfade, die nach den Wasserfällen nach rechts abzweigen, führen direkt zur N 193 oder zum Col de Vizzavona hinauf. Interessanter ist es, auf dem »GR 20« durch den schönen Wald zu wandern, der stets in der Nähe des Baches verläuft und zum Schluß in einen Waldweg übergeht. Vorher mitunter schwierige Durchquerung des Agnone-Baches!

vgl. Seite 155: 7. Etappe des »GR 20«.

Kurz vor dem Tineta-Bach über die bereits am Beginn der Tour über-
schrittene Brücke, jetzt zum rechten Ufer des Vecchio-Baches. Der
Weg steigt in einer Kehre nach links leicht an. Nur wenige Minuten
weiter das Forsthaus an der N 193.

Gesamtzeit etwa 10 Stunden.

IGN-Karten 1 : 50 000 Blatt Venaco Nr. 42/51 oder
1 : 25 000 Blatt Venaco ouest Nr. 42/51.
Für einen Teil des Agnone-Tales:
1 : 50 000 Blatt Bastelica Nr. 42/52 oder
1 : 25 000 Blatt Bastelica ouest Nr. 42/52.
vgl. Seite 176.

52 *Monte Renoso (2352 m)*

Der Hauptkamm zwischen dem Col de Vizzavona und dem Col de
Verde besteht aus Granit. Die bedeutendste Erhebung ist der Monte
Renoso, der in der Eiszeit Mittelpunkt dieses stark vergletscherten
Gebietes war. Zahlreiche Spuren sind auch heute noch deutlich
erkennbar. Dazu zählen die in einem eindrucksvollen Hochkar an der
Ostseite des Berges gelegenen »Lacs de Bastani«.

Gegenüber anderen Gebieten Korsikas, sind die Weideflächen an
der gesamten Ostseite des Massivs recht groß und gestatten eine
beachtliche Almwirtschaft. So sind die Bergerien von Capannelle und
Traggette eigentlich schon Bergdörfer.

Auf der weiß-rot markierten Route des Wanderweges »GR 20« vom
Col de Vizzavona bis zur Bergerie Capannelle mit anschließendem
Aufstieg zum Monte Renoso benötigt man etwa 6 Stunden, vom Col
de Verde 5½ Stunden. Auch die Aufstiegszeit von Bastelica mit 6
bis 7 Stunden ist für die Allgemeinheit uninteressant. Wer dagegen
von der Casso-Brücke (zwischen Ghisoni und Col de Verde) bis zur
Bergerie Capannelle hinauffährt und in der Selbstversorger-Hütte
»Capannelle« übernachtet, der kann am darauffolgenden Tag – nach
einer sehr angenehmen Wanderung von etwa 2 Stunden – den Gipfel
des Monte Renoso ersteigen und bei günstiger Witterung den Sonnenaufgang über dem Tyrrhenischen Meer erleben.

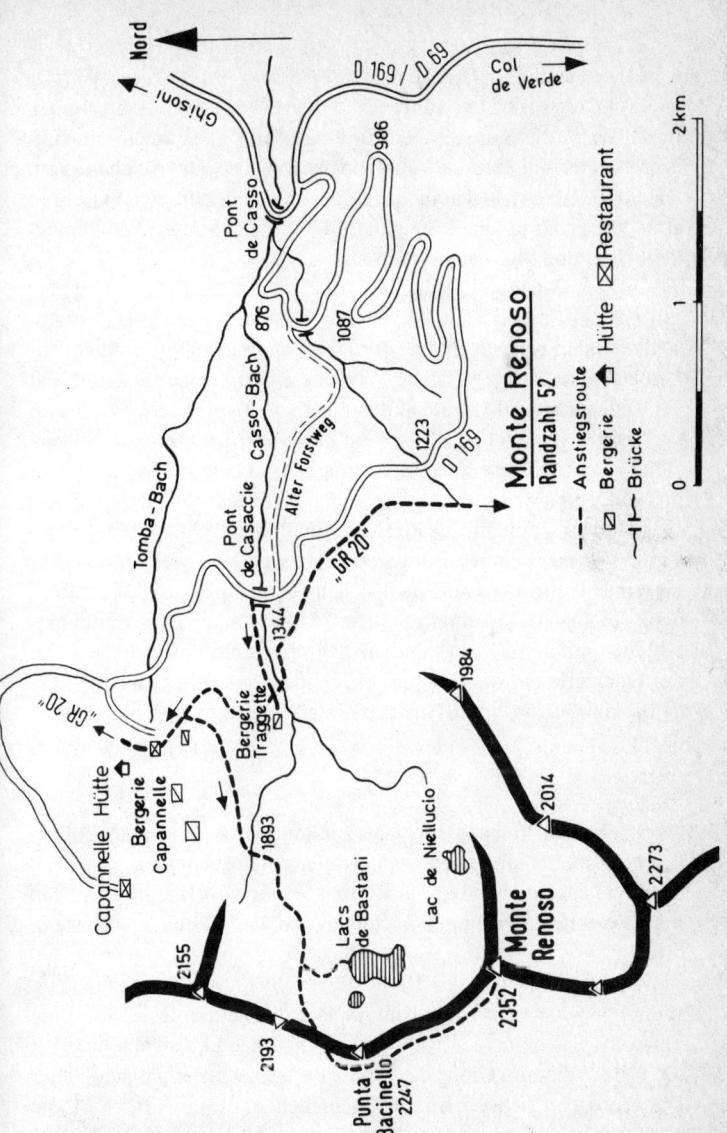

Monte Renoso
Randzahl 52

Anstiegsroute
Bergerie
Hütte
Restaurant
Brücke

0   1   2 km

Nord

D 169 / D 69
Col de Verde

Grisoni

Pont de Casso

986

1087

Casso-Bach

876

Alter Forstweg

1223

D 169

"GR 20"

Tomba-Bach

Pont de Casaccie

1344

"GR 20"

Capannelle Hütte

Bergerie Capannelle

Bergerie Traggette

1893

1984

2014

2273

2155

2193

Lacs de Bastani

Lac de Niellucio

Punta Bacinello 2247

2352

Monte Renoso

105

Von Ghisoni (auf der D 169/D 69) in Richtung Col de Verde 6,6 Kilometer bis zur Brücke »Pont de Casso« (799 m). Etwa 60 Meter nach der Casso-Brücke führt rechts die D 169 durch den schönen Casso-Wald, die zum Ski-Zentrum »Ghisoni – Capannelle« hinaufführt, das man in 1 Stunde Fahrt von der Ostküste her erreichen kann. Die Straße ist etwa 10 Kilometer lang und steigt in zahlreichen Kehren allmählich an (maximale Steigung 10%). Auf der Strecke Wendemöglichkeiten und Ausweichstellen.

Von der Capannelle-Hütte – vorbei am Restaurant »U Fugone« mit Einkaufsmöglichkeit – hinab zur Talstation des Ski-Liftes. Anschließend in Kehren entlang der Trasse des Schleppliftes hinauf zur Gipfelstation. Noch günstiger vom oberen Parkplatz mit Snack-Bar »U Renosu« (ca. 20 Minuten kürzer und vor allem angenehmer). Auf dem Höhenrücken den Pfadspuren und Steinmännern nach Südwesten folgen (teilweise rote Markierung). Nach dem Punkt 1825 Meter erreicht man den Rand eines ausgelaufenen Sees und vor dem Punkt 1893 Meter die Fontaine de Pízzolo. Vom Punkt 2193 Meter im Hauptkamm (W) zieht ein Höhenrücken zum Punkt 1893 Meter hinab. Auf diesem Höhenrücken kurz hochsteigen, dann durch das links befindliche Hochtal, das in einem Bogen nach links zum Hauptkamm hinaufleitet und den günstigsten Aufstieg vermittelt. Vom obersten Teil des Hochtales eröffnet sich uns ein sehr schöner Blick zu den »Lacs de Bastani«, die in einem Hochkar hinter einer Randmoräne versteckt liegen.

Aufstiegsvariante:
– Vom obersten Teil des Hochtales zur Randmoräne und zum größten der beiden Seen absteigen. Am Ostufer entlanggehen bis zur Westseite und anschließend durch Rinnen empor zum Hauptkamm, den man zwischen der Punta Bacinello und dem Punkt 2249 Meter erreicht. –

Vom obersten Teil des Hochtales leicht linkshaltend und Pfadspuren folgend zum Hauptkamm. Nach Erreichen desselben, über die Punta Bacinello (2247 m) hinweg sehr leicht und angenehm über ein Plateau bis zum Gipfel des Monte Renoso, von dem man bei guter Witterung eine schöne Aussicht genießen kann: im Norden Monte d'Oro, Monte Rotondo, dahinter sind die Berge des Cinto-Massivs teilweise sichtbar. Im Süden: Monte Incudine und die Montagne de Cagna.

Capannelle-Hütte – Monte Renoso: 2½ Stunden.

Höhenunterschied 766 m.

IGN-Karten 1:50 000 Blatt Bastelica Nr. 42/52 oder
1:25 000 Blatt Bastelica ouest Nr. 42/52
1:25 000 Blatt Bastelica est Nr. 42/52.

vgl. Seite 176.

Süd-Korsika

53 *Monte Incudine (2134 m)*

Erst durch den alpinen Wanderweg »GR 20« werden die Gipfel zwischen Col de Verde und der Bavella öfters besucht. Wenn das früher nicht der Fall war, dann lag es daran, daß der Hauptkamm der korsischen Berge in diesem Gebiet durchweg einen breiten Felsrücken darstellt, der jedoch von interessanten Felsbastionen unterbrochen wird. So ist es auch beim Monte Incudine, dessen Gipfel von manchen Seiten kaum erkennbar ist, obwohl auf diesem ein Betonkreuz steht. Wer von Norden kommt, der wird in der Regel erst das sogenannte Signal (Vermessungspunkt) ersteigen (Kletterstellen) und dann erst merken, daß der im Südwesten gelegene Gipfel wesentlich leichter zu erreichen ist.

Der Monte Incudine ist der letzte Zweitausender im Süden der Insel. Und wer diesen Berg ersteigt, der wird von einer eigenartigen Stimmung – vor allem in den frühen Morgenstunden – gefesselt sein. Es ist ein wohltuendes Bild der Ruhe und Stille, die einzelnen Höhenzüge zu verfolgen, wie diese allmählich zur Küste hinziehen. Bei guter Sicht ist die Nachbarinsel Sardinien erkennbar und im Südosten stehen unmittelbar vor einem die Türme der Bavella. Eigenartigerweise ist das Wetter am Monte Incudine beständiger als in der benachbarten Bavella-Gruppe. Wenn dort Wolken die Türme verhüllen, scheint hier die Sonne. Vielleicht ist diese Tatsache mit ein Grund dafür, warum der Monte Incudine recht oft besucht wird und zu seinem Gipfel sogar Prozessionen durchgeführt werden.

Der günstigste Zugang führt durch das Asinao-Tal zur Asinao-Hütte (vgl. Unterkunftsverzeichnis). Kurz vor der Bergerie Asinao erreicht man den »GR 20« mit der Hinweistafel in Richtung Quenza (Anmarschweg), nach rechts Markierung mit roter Farbe in Richtung »Bavella«, nach links – ebenfalls auf einem Stein »Refuge« (Hütte). Dem Wunsch der Hirten entsprechend, wurde der »GR 20« in diesem Bereich in einem großen Bogen um das Bergerie-Dorf herumgeführt. Von der Wegweiserstelle (Bergerie nicht sichtbar) der weiß-roten Markierung des »GR 20« folgend – in zahlreichen Kehren an-

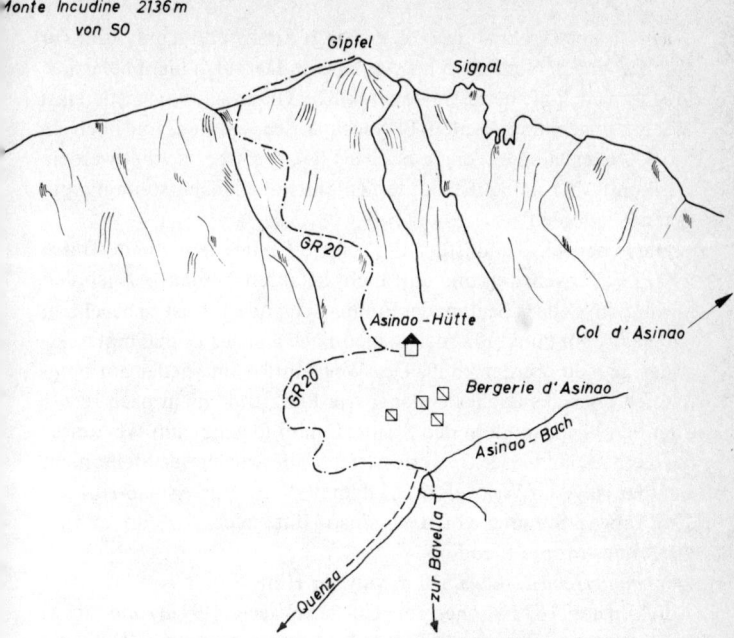

Monte Incudine 2136 m
von SO

Gipfel

Signal

GR 20

Asinao -Hütte

Col d' Asinao

GR 20

Bergerie d' Asinao

Asinao - Bach

zur Bavella

Quenza

GR 20

steigend – in etwa 45 Minuten zur Asinao-Hütte, die erst zum Schluß sichtbar wird. An der Hütte mehrere Wegweiser, darunter die zum »Monte Incudine 2 Stunden«. Durch den markierten »GR 20« gibt es keine Orientierungsschwierigkeiten beim Aufstieg zum Monte Incudine. Der erste markante Sattel im Kammverlauf vom Gipfel nach Südwesten: Col des Forgerons. Zwischen dem Col und dem Gipfel rechts (NO) die Felsgruppe »Rocher de l'enclume« (enclume = Amboß). Der letzte Teil des Aufstiegs ist fast ein Spaziergang.
Asinao-Hütte – Monte Incudine: etwa 2 Stunden.
Höhenunterschied   etwa 530 m.
Besonders empfehlenswert:
Vom Col de Bavella auf dem »GR 20« zur Asinao-Hütte (Übernachtung). In den frühesten Morgenstunden Aufstieg zum Monte Incudine mit anschließendem Rückmarsch zum Col de Bavella.

Zugänge:

a) Von der D 420 – etwa 3,5 km nach Zonza und damit kurz vor Quenza – nach Nordosten ins Asinao-Tal. Der noch nicht befestigte Weg und auch die neue Trasse direkt von Quenza aus bis zu den fast zusammengebauten Weilern Burracciola, Scapa di Noce und noch ein Stück weiter können gerade noch als befahrbar bezeichnet werden. Auskunft über den Zustand der Zufahrtsmöglichkeit sollte man in Quenza einholen!

Die in der Regel südöstlich des Asinao-Baches verlaufende Trasse ist ein Feuerwehrweg und darf nicht befahren werden! – Nach den genannten Weilern beginnt der Fußmarsch und dabei ist zu beachten, daß nach dem Punkt 1032 der Asinao-Bach gleich zweimal hintereinander gequert werden muß. Der Weg führt dann wieder am orog. rechten Ufer des Baches entlang. Am Punkt 1144 nicht nach rechts über den Bach, sondern den Steinmännern folgend zum Wegweiser auf dem Gelände der Bergerie Asinao, die von dieser Stelle nicht sichtbar ist. Vom Wegweiser auf dem »GR 20« zur Asinao-Hütte.

Zeit etwa 3 Stunden, von der Asinao-Hütte in etwa 2 Stunden zum Gipfel des Monte Incudine

Höhenunterschied etwa 530 m von der Hütte.

b) Von der D 69 zwischen dem Col de la Vaccia (1199 m) und Zicavo auf der ausgebauten Straße D 428 bis in die unmittelbare Nähe der Kapelle San Petru (Notunterkunft in einem Nebengebäude). Da man durch den Ausbau dieser alten Forststraße erst die wichtigste Voraussetzung für ein Zentrum des Ski-Langlaufes im Wald von Coscione geschaffen hat, ist anzunehmen, daß die Straße stets einigermaßen befahrbar sein wird.

Nach der Abzweigung zur Kapelle San Petru ist die Trasse bis zu einer Brücke nur mit einem geländegängigen Auto befahrbar. Wenn kein Ausbau in den nächsten Jahren erfolgt, ist eine Wanderung auf der Trasse durch die schönen Buchenwälder bis zu einem ehemaligen Holzfällerplatz am Forcinchesi-Bach recht angenehm.

Der gelben Markierung, die am Bach beginnt, nach rechts (Südosten), *nicht nach Osten* (links) folgen und den Bach zwischen den Punkten 1511 im Westen und 1434 im Süden queren. Durch den anschließenden Buchenwald (Steinmänner, gelbe Markierung) in 20 bis 30 Minuten zum Gelände der verlassenen Bergerie Pedinielli. Nach Erreichen des »GR 20« (weiß-rot markiert) nach rechts (Süden) halten. Von den Ruinen der ehemaligen Pedinielli-Hütte in etwa zwei Stunden ohne Schwierigkeiten zum Gipfel.

IGN-Karten 1 : 50 000 Blatt Zicavo Nr. 42/53 oder
1 : 25 000 Blatt Zicavo est Nr. 42/53
1 : 25 000 Blatt Zicavo ouest Nr. 42/53.
vgl. Seite 176.

54 *Bavella*

Zwei Berggruppen Korsikas müssen besonders hervorgehoben werden: das Cinto-Massiv im Nordwesten und die kühnen Türme der Bavella im Südosten der Insel, die die stolze Bezeichnung »Dolomiten Korsikas« tragen, obwohl die Gipfel nicht einmal die Höhe von 2000 Meter erreichen.

Durch eine senkrechte Klüftung des Gesteins (Granulit) entstanden die zerrissenen Kämme, die wohl zu den bizarrsten Felsgebilden der Insel zählen. Die Namen der einzelnen Türme weisen darauf hin, daß hier Bergsteiger aus den verschiedensten Ländern Europas Erschließungsarbeit geleistet haben: »Turm der Deutschen«, »Turm der Österreicher«, »Turm der Schweizer« und neben weiteren Bezeichnungen der »Spion von Aalen«.

Schon seit Jahren ist die Bavella zum Dorado der Kletterer geworden, in der auch der Bergwanderer eine Reihe von Touren durchführen kann. Man muß schon einige Tage in dieser wilden Berggruppe verweilen, Sonnenschein, Sturm und Regen erlebt haben und wenn dann noch die Nebelschwaden zwischen den Wetterkiefern am Paß hindurchziehen, dann wird man endgültig dem Zauber dieser Berge verfallen sein. Die landschaftlichen Schönheiten sind so überwältigend, daß jede Fremdenverkehrsgesellschaft die Fahrt über den Bavella-Paß in ihrem Programm hat. Wer von Solenzara (Ostküste) kommt, der wird spätestens an der Bocca di Larone zum ersten Mal anhalten. Unmittelbar südlich der Paßhöhe die Ferriate-Gruppe, deren markantester Turm seit seiner Erstersteigung am 11. Juni 1966 durch Jürgen Gläß und Hans Schymik nach dem Wahrzeichen der Stadt Aalen in Württemberg benannt wurde: »Spion von Aalen«.

Von der genannten Ferriate-Gruppe zieht eine Bergkette nach Süd-westen, die zur südlichen Bavella-Gruppe gehört. Etwa in der Mitte der Kletterberg »Punta Tafunata di i Paliri (1312 m)«, der in seinem Gipfelaufbau ebenfalls ein gewaltiges Loch hat. Der sanfte Höhenzug im Südwesten (Col de Bavella) trennt die Südgruppe von der Nord-gruppe mit ihren zahlreichen Türmen, deren Anblick von Quenza und Zonza alle Reisenden fasziniert. Außer dem Turm III führen nur Kletterrouten zu diesen Felsbastionen hinauf. Der günstigste Aus-gangspunkt für alle Unternehmungen in der Bavella ist der Col de Bavella 1218 Meter. – Campingverbot! –

55 *Vom Col de Bavella zum Promontoire*

Zwischen dem Restaurant Grimaldi und dem Brunnen am Col de Bavella beginnt ein breiter Weg, der unter schattenspendenden Bäu-men nach Süden verläuft. Nach wenigen Schritten rechts eine Quelle, links eine Waschanlage. Bald danach hört der Weg auf und geht in Pfade über. – (Die weiß-rote Markierung des Wanderweges »GR 20« führt nach links hinab und anschließend hinauf zur Foce Finosa.) – Den Pfad nach rechts wählen (gelbe Markierungspunkte an den Bäu-men), der nach Südwest zum Höhenrücken Col de Bavella – Bocca di Velaco führt. Am Felsen »Dame Jeane« (dieser bleibt links liegen) direkt nach Süden. Stets auf dem Höhenrücken bleiben und den Pfad-spuren folgen, die durch Steinmänner und gelbe Punkte markiert sind. Auf keinen Fall nach rechts oder links gehen! Nach etwa 45 bis 60 Minuten: Bocca di Velaco 1285 Meter. Von der Bocca di Velaco nach links zu einem kleinen Wäldchen und in diesem halbrechts hochsteigen, bis es nach rechts in ein breites Couloir hinaufgeht, das den Anstieg zur Punta Velaco vermittelt und bereits vom Anmarsch her zu sehen ist. Bei dieser Wanderung das Couloir nicht betreten, sondern geradeaus weiter (Steinmänner). Nach wenigen Schritten durch eine Rinne von etwa 20 bis 30 Meter Länge, die nach rechts ver-lassen wird. Hoch zu einer Felskante und von dieser nach links über eine geneigte Platte (Vorsicht!) hinab zu einem Couloir. – (Wer in die-sem Couloir nach links zu einem kleinen Sattel absteigt – 5 Minuten – und den folgenden Felsen *rechts* umgeht, der erreicht in weiteren

5 Minuten eine Felsrippe, von der man zum Felsenfenster »Trou de la Bombe« queren kann. Vom Anmarsch – kurz vor der Bocca di Velaco – zu sehen.) – Im Couloir in Serpentinen ansteigend bis zu einem Sattel, der zwischen dem Promontoire (links) und dem Vorgipfel der Punta Velaco (rechts) gelegen ist. – ½ Stunde von der Bocca di Velaco. – Vom Sattel ein malerischer Ausblick zur Punta di Ferru (rechts) mit ihrer markanten Nordkante und zur Punta Buvone (links). Vom Sattel nach links über geneigte Felspartien hochsteigen. Nach wenigen Minuten ist der Promontoire erreicht – ein Höhenrücken mit bewachsenen Terrassen. Die bedeutendste Terrasse (Belvedere) befindet sich an der Südseite und bildet einen markanten Aussichtspunkt. Direkt unter diesem die kühne Felsennadel »Campanile de Ste. Lucie«, die am 11. September 1960 durch Werner Hertrampf, Werner Krah und Gunter Winkler von der Sektion Karlsruhe des Deutschen Alpenvereins zum erstenmal erstiegen wurde.

Obwohl die Berge hier nur eine Höhe von etwa 1500 Meter erreichen, wirken sie wesentlich gewaltiger. Über den stolzen Gipfel der Punta di Bonifacio hinweg geht der Blick hinaus auf den Golf von Porto Vecchio und das Tyrrhenische Meer. Es ist wieder eine faszinierende Kulisse, eine echt korsische Stimmung und das alles während der angenehmsten Wanderung im gesamten Gebiet der Bavella.

Col de Bavella – Promontoire: etwa 2 Stunden.
Höhenunterschied   200 m.

56   *Punta Velaco (1483 m)*

Wie auf dem Wege zum Promontoire in 45 bis 60 Minuten zur Bocca di Velaco. Von der Bocca nach links zu einem kleinen Wäldchen und durch dieses halbrechts haltend zum Beginn des markanten Couloirs (Steinmänner, gelbe Markierung). In Serpentinen durch dieses hochsteigen, das an einer Scharte endet (schöne Aussicht zu der im Süden gelegenen Punta di Ferru). Kurz vor der Scharte nur wenige Schritte nach rechts und sofort nach links durch eine Rinne zum Gipfelgrat empor. Über diesen in leichter Kletterei (höchstens I +) nach rechts zum Gipfel.

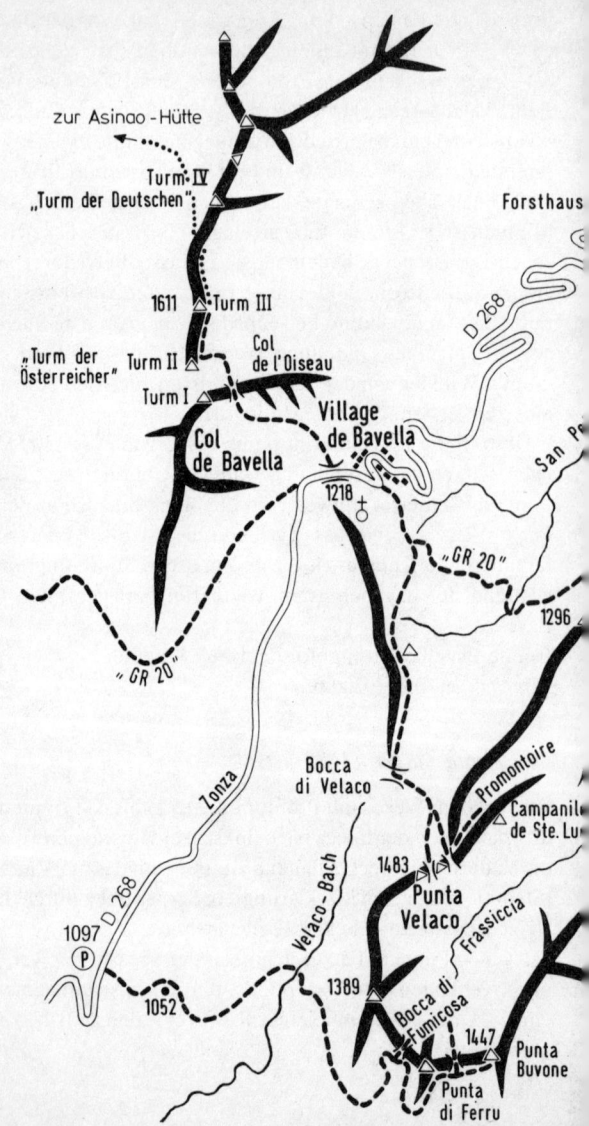

zur Asinao-Hütte

Turm IV
„Turm der Deutschen"

Forsthaus

1611 Turm III

Col
de l'Oiseau

„Turm der
Österreicher" Turm II

D 268

Turm I

Village
de Bavella

Col
de Bavella

1218

San Pe

„GR 20"

1296

„GR 20"

Bocca
di Velaco

Promontoire

Campanil
de Ste. Lu

Zonza

1483

Punta
Velaco

Frassiccia

1097
Ⓟ

D 268

Velaco-Bach

1389

1052

Bocca di
Fumicosa

1447

Punta
Buvone

Punta
di Ferru

114

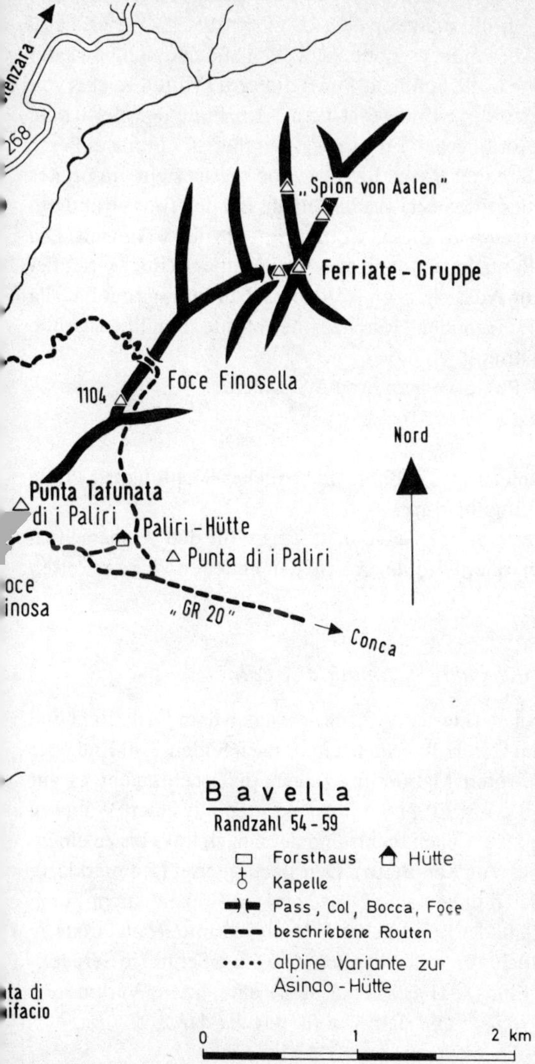

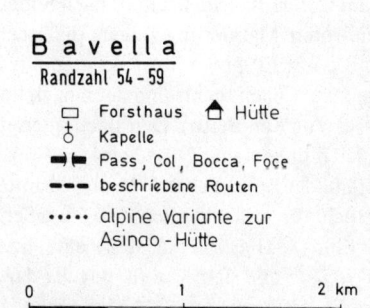

"Spion von Aalen"

Ferriate - Gruppe

Foce Finosella

1104

Nord

Punta Tafunata
di i Paliri

Paliri - Hütte
△ Punta di i Paliri

oce
inosa

"GR 20" → Conca

ta di
ifacio

Bavella
Randzahl 54-59

▢ Forsthaus   ⌂ Hütte
⌀ Kapelle
◨▬ Pass, Col, Bocca, Foce
--- beschriebene Routen

····· alpine Variante zur
Asinao - Hütte

0   1   2 km

Die Besteigung der Punta Velaco zählt zu den besonders zu emp-
fehlenden Touren, die man vor allem ohne große Mühen erreicht.
Vom Gipfel eine besonders schöne Sicht nach Süden und hier wieder
zur Punta Buvone (links) und zur Punta di Ferru (Mitte). Rechts von
der Punta di Ferru der Samulaghia-Turm. Am Fuße der Nordkante
der Punta di Ferru: Bocca di Fumicosa. Zwischen der Punta di Ferru
und der Punta Buvone: Bocca Buvone. Von dieser zieht ein breites
Couloir ins Tal des Frassiccia-Baches hinab. Bei der Tour »Rund um
die Punta di Ferru« wird dieses Couloir im Abstieg begangen. Die
Besteigung der Punta Velaco stellt gleichzeitig eine wichtige Orientie-
rungstour dar. Die Aussicht nach Norden zur Nordgruppe der Bavella
und dem dahinterliegenden Höhenzug des Monte Incudine ist ohne
besondere Bedeutung.

Col de Bavella – Punta Velaco: etwa 2 Stunden.
Höhenunterschied   265 m.
Variante:
Von der Madonna auf der Paßhöhe in südlicher Richtung zur Punta
Velaco. Markierung: blau-rot.
   Teilweise ist es günstiger, eine neue Trasse für den Anmarsch zu
benutzen. Die markierte Route erreicht den üblichen Weg am Felsen
»Dame Jeane«.

57 *Rund um die Punta Tafunata di i Paliri*

Auf dem weiß-rot markierten Weg, der zwischen dem Restaurant und
dem Brunnen am Col de Bavella beginnt, nach Süden. Am Ende des
Weges der weiß-roten Markierung folgen (halbrechts geht es zur
Punta Velaco), die ins Tal hinabführt, wo man auf einen Waldweg
stößt. Auf diesem kurz nach rechts und dann nach links bis zu einem
Bachbett (Ruisseau de San Petru). Den Bach queren (gut markiert),
anschließend gleich links dem »GR 20« folgen (wegen einem Forstweg auf den Verlauf der Route achten). Nach 5 Minuten den Forstweg
verlassen, steil rechts empor zum alten Pfad, zum Schluß in Serpentinen zur Foce Finosa. Dieser Pfad stellt eine uralte Verbindung
zwischen der Ostküste und dem Col de Bavella dar.

Col de Bavella – Foce Finosa: etwa 1½ Stunden.

Auf der Ostseite der Scharte geht es in Kehren steil hinab. Zwischen Bäumen hindurch ein einmalig schöner Blick zum Campanile de Ste. Lucie. Schon wegen der schönen Aussicht von der Foce Finosa ist eine Tour bis zu diesem für jeden Wanderer, auch im fortgeschrittenen Alter, empfehlenswert.

Nach den Kehren führt der Pfad nach Norden, dann in einem Bogen nach Osten. Kurz nach der Wendung nach Osten zweigt nach links der markierte Pfad zur Paliri-Hütte ab. Der Pfad steigt allmählich in Kehren an und führt zum Schluß durch einen schönen Kiefernwald zu einem Höhenrücken, der von der Südseite der Punta Tafunata di i Paliri in Richtung »Punta di i Paliri (früher Tour de Paliri)« zieht.

Die Selbstversorger-Hütte wurde auf dem Kamm dieses Höhenrückens in der idyllischen Umgebung der ehemaligen Bergerie Paliri errichtet (etwa 5 Minuten vorher, links am Pfad, eine gefaßte Quelle). Foce Finosa – Paliri-Hütte: etwa 1 Stunde.

Von der Paliri-Hütte durch eine Baumgruppe kurz nach Nordwesten, anschließend auf spärlichen Pfadspuren, die auf einem Band unterhalb der steileren Felsaufbauten des Nordostgrates verlaufen, nach Nordosten zur Foce Finosella. Von der Paliri-Hütte ist das Band gut erkennbar, das ist jedoch stellenweise vom Buschwerk der Macchia überwuchert. Kurz vor dem Aufstieg zur Foce Finosella sind die Pfadspuren nicht mehr zu sehen. Beachten, daß man nach etwa 1 Stunde nach links durch unübersichtliches Gelände zur Scharte hinaufsteigen muß.

Bergerie Paliri – Foce Finosella: etwa 1½ Stunden.

Von der Foce Finosella in Kehren zuerst nach Nordwesten, dann nach Westen hinab zum San-Petru-Bach. – (Etwa 10 Minuten nach der Foce Finosella links eine kleine Quelle innerhalb der ersten Baumgruppe.) – Das letzte Stück vor dem Bach führt durch einen Farnwald mit Brombeergestrüpp. Trotzdem ist der Pfad relativ einfach zu finden. Der Bach mit seinen tiefen Gumpen ladet zu einem erfrischenden Bad ein. Den Wasserlauf überschreiten. Der Pfad führt jetzt in nördlicher Richtung und erreicht nach kurzer Zeit am Punkt 637 einen weiteren Wasserlauf. Am anderen Ufer beginnt der in Terrassen angelegte Wald.

Auf einer dieser Terrassen weiter in nördlicher Richtung zum Forst-
haus »Maison Forestière d'Arza« –
Foce Finosella – Forsthaus: etwa 1½ Stunden.
Gesamtzeit etwa 6 Stunden.
Mit einem bereitgestellten Auto oder per Anhalter auf der Straße
D 268 zum Col de Bavella.

58 *Rund um die Punta di Ferru* (vgl. Randzahl 56)

Diese Tour wird zu einem unvergeßlichen Erlebnis, zu einem kleinen
Abenteuer in einer wilden Einsamkeit. Es ist ein alpines Unternehmen, das einen guten Orientierungssinn voraussetzt. Den ersten
Höhepunkt bildet die »Bocca di Fumicosa« und dieses Ziel kann
jeder Bergwanderer ohne nennenswerte Mühen und Schwierigkeiten
erreichen.

Von Zonza – auf der Fahrt zum Col de Bavella – am Punkt 1097,
3,6 km vor dem Col de Bavella, 5,1 km von Zonza – (Parkmöglichkeit, vor allem auf der linken Straßenseite) – auf einem Forstweg
nach rechts in den Wald hinein. Stets auf dem Hauptweg bleiben,
bis er in einen Pfad übergeht. Am Anfang steigt er bis zum Punkt
1052 an, anschließend fast auf gleicher Höhe bleibend bis zum
Velaco-Bach, der in etwa 40 Minuten erreichbar ist. Anschließend an
einem Hang entlang nach (rechts) Süden. Der gute Pfad hört nach
einer Gesamtzeit von etwa 1½ Stunden an einem größeren Bachbett
auf, das von links herabkommt. Den Wasserlauf queren und am orographisch linken Ufer sofort nach links (Nordost) durch den Wald
hochsteigen. – (Die Spuren nach rechts führen in Richtung »Tour de
Samulaghia«.) – Die spärlichen Pfadspuren sind durch Steinmänner
markiert. Beim gesamten Aufstieg stets leicht links halten, bis man in
die Nähe eines Höhenrückens kommt. Kurz vor den ersten Felsen
nach rechts halten und der Allgemeinrichtung »Nordost« folgend,
zum Schluß über bewachsene Hänge ohne Baumbestand zur Bocca di
Fumicosa (etwa 1335 m).
Straße – Bocca di Fumicosa: 2 bis 2½ Stunden.
Höhenunterschied 335 m.
Anschließend nach rechts zwischen Felsen hindurch – in wenigen

Minuten – zu einem Sattel unmittelbar an der Punta di Ferru. Das ist gleichzeitig die schönste *Aussichtsstelle:* Der Blick nach Norden und Nordosten geht von der Punta Velaco über Promontoire und Punta Tafunata di i Paliri bis zur Ferriate-Gruppe. Rechts von der Punta Tafunata di i Paliri: »Punta di i Paliri«. Mit am eindrucksvollsten in dieser Runde ist die Nordkante der Punta di Ferru (rechts). In den frühen Morgenstunden ist es hier am schönsten.

Auf dem Weiterweg nach Süden an den ersten Felsen der Punta di Ferru erst rechts vorbei, dann die Südwestseite des Berges zwischen den steileren Felspartien und den ersten Bäumen queren. Durch eine schluchtartige Rinne geht es schließlich zum Hauptkamm empor, der auch auf anderen Routen erreicht werden kann. Nach links (Norden) halten. Am Hauptkamm interessante Felsformen und mächtige Tannen. Nach einem kleinen Sattel ist der tiefste Punkt zwischen Punta di Ferru und Punta Buvone erreicht: Bocca Buvone (etwa 1355 m).

Von der Bocca Buvone lohnender *Abstecher* zur Punta Buvone: weiter nach Osten; die ersten Felsen auf der Südseite umgehen. Zwischen zwei Türmen eingeklemmte Blöcke, über die es hinweggeht. Linkshaltend erreicht man eine Schlucht, die rechts (im Aufstieg) durch einen zerrissenen Grat mit Felsenfenstern und Tafonibildungen begrenzt wird. In der Schlucht (Südwestcouloir) bis zu einer engen Scharte hoch. Von der Scharte nach rechts über gutgestuften Fels, jedoch etwas ausgesetzt (kurze Kletterstelle), erst steil hoch, dann über Felsblöcke hinweg oder dazwischen hindurch – linkshaltend – zum Gipfel der Punta Buvone (1475 m).

Über die ganze Südgruppe der Bavella geht der Blick bis zu dem im Norden gelegenen Monte Incudine.

Bocca di Fumicosa – Punta Buvone: etwa 2 Stunden.

Höhenunterschied 140 m.

Zurück zur Bocca Buvone und von dieser durch ein breites Couloir steil hinab nach Norden ins Tal des Frassiccia-Baches. Erst an der orographisch linken Seite der Schlucht, im zweiten Drittel abwechselnd, in Serpentinen absteigen. Nach etwa 20 Minuten links oben eine Riesenhöhle, in der eine Kompanie Soldaten biwakieren könnte. Der Abstieg dauert etwa 1 Stunde und endet an einem von links kommenden Bachbett. Man befindet sich jetzt in einer der einsamsten Gegenden der gesamten Bavella-Gruppe. Tief beeindruckend, gleichzeitig aber unheimlich, wirkt diese wilde Felsszenerie.

Das Bachbett nicht queren, sondern am orographisch rechten Ufer bleiben. Der Aufstieg ist zwar steil und mühsam, er führt jedoch im ersten Teil zwischen Bäumen hindurch. Dabei ist zu beachten, daß man nicht direkt am Bachbett, sondern etwas höher am besten vorwärts kommt. Immer wieder ist die Nordkante der Punta di Ferru zu sehen, die neben dem Wasserlauf die Allgemeinrichtung anzeigt. Nach etwa 30 Minuten wird am besten der Wasserlauf gequert. Zum Schluß in Serpentinen über ein unangenehmehmes Geröllfeld zum Aussichtspunkt an der Bocca di Fumicosa.

Bocca Buvone – Bocca di Fumicosa: 2 Stunden.

Von der Bocca di Fumicosa in 1½ bis 2 Stunden zurück zum Ausgangspunkt der Tour an der Straße Zonza – Col de Bavella.

Gesamtzeit für die Rundtour: 7½ bis 8½ Stunden.

59 *Vom Col de Bavella zum Turm III*

Die von Sturm und Wetter gekennzeichneten Bäume am Col de Bavella bilden eine Naturkulisse von wilder Schönheit. Nur die Sommerhäuser der Bewohner von Conca und Zonza passen nicht so recht in diese Landschaft hinein. Man sollte diese nicht beachten und sich lieber der Faszination hingeben, die von den grandiosen Türmen der Nordgruppe ausgeht. Schon aus diesem Grunde sollte jeder Bergfreund die Tour zum Turm III durchführen, denn nur dadurch erhält er einen richtigen Gesamteindruck.

Die erste Erhebung im Nordwesten des Col de Bavella ist der Turm I, der durch seine markante Südostwand auffällt. Von diesem zieht ein Grat nach Osten. Der erste Sattel in diesem Grat: Col de l'Oiseau (1465 m). Zu diesem Col führt der erste Teil des Aufstieges, der durch Steinmänner markiert ist. Trotzdem ist es empfehlenswert, am Vorabend der Tour etwa 500 Meter auf der Straße vom Col de Bavella in Richtung Zonza zu laufen, um den Routenverlauf einzusehen, der am Waldrand rechts beginnt (Hinweistafel »Alpine Variante des GR 20«) und zu einem teilweise bewachsenen Geröllhang führt. Dieser wird unterhalb der ersten steilen Felsen von rechts nach links erstiegen. Vom höchsten Punkt – einem Rücken – ist eine Baumgruppe sichtbar. Zu dieser absteigen, dabei die Steinmänner *nicht* beachten, die nach rechts zum Aussichtspunkt mit Kreuz (Croix Leccia) hinaufleiten. An dieser Stelle – leicht linkshaltend – die Baumgruppe queren, zum Schluß absteigend, anschließend sofort um eine Felsgruppe von links nach rechts herum. Damit ist das markante Couloir erreicht, das den weiteren Aufstieg zum Col de l'Oiseau vermittelt. Col de Bavella – Col de l'Oiseau: 1 Stunde.

Vom Col de l'Oiseau (1465 m) etwa 50 Höhenmeter nach Norden absteigen und nach links haltend eine Gratrippe queren. Am Fuße des »Turm I« unmittelbar entlang in Richtung Scharte zwischen »Turm I« und »Turm II« (kurze, leichte Kletterstellen). Unterhalb der Scharte nach rechts zur Ostseite des »Turm II« queren. Nach einer kurzen Kletterstelle (Steinmänner) rechts halten und sofort nach links über einen etwa 45 Grad geneigten Plattenschuß hinab. Vorsicht bei Regen! – Seilsicherung vorhanden? – Anschließend zur Scharte zwischen »Turm II« und »Turm III«.
Col de l'Oiseau – Scharte zwischen den Türmen II und III: 1 Stunde.
Anmerkung: Dieser nicht gerade einfache Routenverlauf ist auf Fotos eingezeichnet im Führer »Korsika für Bergsteiger und Kletterer« von Hans Schymik.

Vom Col durch das Südcouloir ohne Schwierigkeiten zum Turm III hoch, das an seinem Ende nach links verlassen wird. Über einen Felsaufschwung zum Gipfel. – 30 Minuten. –

Im Norden des Turm III, der Turm IV (Turm der Deutschen) und im Süden stehen der Reihe nach Turm II (Turm der Österreicher) sowie Turm I (Pointe de l'Oiseau).
Col de Bavella – Turm III: etwa 2½ Stunden.
Höhenunterschied 390 m.
Anmerkung: Zwischen Turm III und Turm IV: Bocca di u Pargulu. Von dieser führt die alpine Variante des »GR 20« in nordwestlicher Richtung hinab ins Asinao-Tal. Im Abstieg empfehlenswert, im Gegenanstieg nicht!
IGN-Karten 1 : 100 000 »Corse Sud« Nr. 74
1 : 50 000 Blatt Zicavo Nr. 42/53 oder
1 : 25 000 Blatt Zicavo est Nr. 42/53.
vgl. Seite 176.

Wenn es in Porto Vecchio (Ostküste) unangenehm warm wird, dann fahren die Einheimischen hinauf in den Forst von Ospédale und das wird auch den Fremden empfohlen. Die Straße D 368 ist zwar sehr kurvenreich, doch angenehm zu fahren.

Die Aussicht vom kleinen Weiler l'Ospédale auf den Golf von Porto Vecchio zwingt einen zu einer Pause (Café Paoli). Am Ortseingang (links) ein Riesen-Felsenschiff, weitere pittoreske Felsformen im gesamten Forst (Campingplatz: vom Col de Bavella 12,2 km).

Auch dieser ausgedehnte Wald lädt zu angenehmen Spaziergängen ein, vor allem um den neuen Stausee. Eine der lohnendsten Wanderungen ist die zum Wasserfall »Piscia di Gallu«. Etwa 1 Kilometer nach der Staumauer besteht rechts eine gute Parkmöglichkeit unter schattenspendenden Bäumen. Auf der gleichen Straßenseite 200 Meter zurückgehen und nach links in einen Forstweg, auf dem in gut 10 Minuten ein Bachbett erreicht wird. Nach der Querung kennzeichnen Steinmänner den relativ guten Pfad in Richtung Wasserfall. Zum Schluß einige Felsaufbauten links umgehen. Von einer Aussichtskanzel schöner Blick auf eine Riesenfelswand. Aus einem Felsspalt in dieser Wand stürzen im Frühjahr gewaltige Wassermassen in die Tiefe. – Obwohl der Oso-Bach im Sommer kaum Wasser führt, ist eine Begehung der Klamm ohne Seilsicherung undurchführbar. Im Durchbruch befinden sich 5 bis 6 terrassenförmig übereinanderliegende Gumpen. Straße – Wasserfall: etwa ½ Stunde.

IGN-Karten   1 : 100 000 »Corse Sud« Nr. 74
1 : 50 000 Blatt Porto Vecchio Nr. 42/54 oder
1 : 25 000 Blatt Porto Vecchio est Nr. 42/54
1 : 25 000 Blatt Porto Vecchio ouest Nr. 42/54.
vgl. Seite 176.

61   *Punta di u Diamante (1227 m)*

Kennzeichnend für das Bergland im Forst von Ospédale sind die ausgedehnten Blockmeere der Eiszeit, aus denen Felsburgen und glockenförmige Berge aus Granit emporragen. Einer der markantesten

Gipfel ist die Punta di u Diamante, deren Besteigung recht interessant und abwechslungsreich ist.

Vom Fuße der Punta di u Diamante ziehen Felsrücken nach Nordosten zur Bocca d'Illarata hinab. Die mit Steinmännern gut markierte Route beginnt ca. 800 m vor der Banditenquelle (von Porto Vecchio kommend). Der Beginn ist mit einem ca. ¾ m hohen Steinmann markiert. Zuerst durch die Macchia nach Westen, dann in einem Bogen nach Südwesten. Dabei zwischen den Felsrücken oder über diese hinweg, die östlich der Linie zwischen den Punkten 1085 und 1172 verlaufen. Zum Schluß des Anmarsches (nach etwa 30 Minuten) durch eine steiler werdende, bewachsene Rinne zu einem schon von weitem sichtbaren Felsentor hochsteigen, über dem ein markanter Felsblock liegt. Etwa 20 Meter unterhalb des Felsentores nach rechts über eine Steilstelle zu einem Plattenschuß. Die ersten Meter schwierig (II), dann angenehmer nach links zu einer Verschneidung und dieser halbrechts folgend zu einer Scharte mit großen Blöcken hochsteigen. Von der Scharte einige Schritte abwärts und gleich nach links über eine glatte und geneigte Platte zu einem Überhang. Unter diesem auf einem Kriechband von links nach rechts. Vor seinem Ende links hoch zu den abgerundeten Felsen des Gipfelaufbaus.
Banditen-Quelle – Punta di u Diamante: 1 Stunde (stellenweise II).
Vorsicht bei Regen! Flechten auf den Platten.
Höhenunterschied 236 m.

62   *Monte Calva (1377 m)*

Durch die Trasse von der Bocca d'Illarata im Forst von Ospédale – über die Bergerie Luviu – nach Tagliu Rossu bei Ste. Lucie de Porto Vecchio, wird der Monte Calva zu einem leicht erreichbaren Ziel mit einer großartigen Aussicht, vor allem ein faszinierender Blick zur Südgruppe der Bavella.

Von der Bocca d'Illarata (991 m/Parkmöglichkeit) auf einer Trasse nach Nordosten. Nach etwa 45 Minuten Fußmarsch ist der Punkt 1201 der Karte 1:25000 Blatt Porto Vecchio est Nr. 42/54 erreicht. Von dieser Stelle nach links über einen Hang in nördlicher Richtung zum Gipfel.

Gesamtzeit etwa 1¼ Stunden.
Höhenunterschied 386 m.

Das Unternehmen »Monte Calva« kann zu einer empfehlenswer-
ten Rundtour erweitert werden. Vom Gipfel bis zur nächsten Erhebung (Punkt 1381) im Kammverlauf nach NNW etwa 5 Minuten.
Anschließend nach Westen zu einem kleinen Wäldchen vor dem
Punkt 1302 mit schöner Aussicht zur Bavella-Gruppe. Nach insgesamt 15 Minuten einem Höhenrücken mit den Punkten 1221 und 1158
nach Süden folgen. Danach allmählich zu einem Bachbett absteigen
(stellenweise Steinmänner). Nach Überschreitung des Bachbettes (im
Sommer kaum Wasser), den anschließenden Hang in südwestlicher
Richtung bis zu einem kleinen Graben queren (5 Minuten). Vor dem
Mini-Graben nach rechts halten. Nach wenigen Schritten sind spär-
liche Pfadspuren erkennbar, die zu einer Quelle zwischen den zwei
Brücken am Punkt 948 an der Straße D 368 hinabführen. Wenn auch
im letzten Teil des Abstieges das Buschwerk der Macchia und der
Wald die Orientierung etwas erschweren, so ist in diesem Fall der Ver-
kehrslärm auf der Straße ein günstiger Ersatz.
Gesamtzeit für die Rundtour 2 bis 2½ Stunden.

An der Quelle gute Zeltmöglichkeit. Von diesem Platz in etwa 10
Minuten zur Bocca d'Illarata.

63 *Punta di Vacca Morta (1314 m)*

Auf der Straße D 368 von Porto Vecchio nach Zonza. Am Kilometer
20,5 in einer Rechtskehre nach links halten, nach rechts Hinweis-
schild: Zonza.

An der Abzweigung nach links eine kleine Markierung: »blauer
Vogel auf gelbem Grund« (= Zeichen der französischen Post), die *fast*
bis zum Schluß richtungweisend ist. Nach etwa 500 Metern – an
einem Hochspannungsmast – auf der markierten Route nach links
und weiter bis zu einer Weggabelung, an der die Markierung nach
rechts zu einer Sendestation führt (lohnender Abstecher von 1,2 Kilometern. Von der Station ein umfassender Blick nach Südwesten zur
Punta di Vacca Morta mit der bestens erkennbaren Aufstiegsroute).
An dieser Stelle den Fahrweg nach links benutzen (nicht mar-

kiert), der nach etwa 250 Metern am Col de Mela (1068 m) an einem umzäunten Privatbesitz endet. – Gute Parkmöglichkeit! –

Nach links (Süden) am Zaun entlang, der nach etwa 10 Minuten auf einem Höhenrücken endet. – Diese Stelle ist für die Orientierung beim Abstieg wichtig! – Etwa 5 Minuten danach ist ein wiesenartiges Gelände erreicht. In der Mitte ein Stacheldrahtzaun. An diesem entlang, dann auf dem sich anschließenden Höhenrücken allmählich ansteigend zum Gipfel.

Schöner Blick auf Südwest- und West-Korsika.

Zeit Vom Parkplatz 45 bis 60 Minuten.

Höhenunterschied 254 m.

Hinweis Westlich vom Gipfel die prähistorische Stätte »Castellu di l'Accintu«.

IGN-Karten 1 : 100 000 »Corse Sud« Nr. 74
1 : 50 000 Blatt Porto Vecchio Nr. 42/54 oder
1 : 25 000 Blatt Porto Vecchio ouest Nr. 42/54.

vgl. Seite 176.

64 *Montagne de Cagna*

Die Montagne de Cagna ist eine Fortsetzung des Berglandes im Forst von Ospédale, das durch die D 59 und den Col de Bacino getrennt wird. Die wichtigsten Gipfel, die in einem Höhenzug liegen, der von Nordosten nach Südwesten verläuft: Punta di Compolelli (1299 m), Punta d'Ovace (1340 m), Punta di Monaco (1292 m) und Cima di Cagna (1231 m).

Die abgerundeten Blöcke aus der Eiszeit lagern hier in mehreren Schichten übereinander, aus denen sich ebenfalls einige Felsburgen und Felskuppeln aus Granit erheben. Von den Wackelsteinen in diesem Gebiet ist der »l'Uomo di Cagna« (1217 m) der bekannteste. Gäbe es nicht diesen l'Uomo di Cagna, der einst ein wichtiger Orientierungspunkt für die Schiffahrt war, so würden außer Hirten und Geologen kaum Bergsteiger in diese einsame Gegend kommen. Eine Wanderung zum Fuß des Wächters der Montagne de Cagna, wie er auch genannt wird, ist ein lohnendes Unternehmen. Faszinierend und eindrucksvoll ist der Blick zu den vielen Buchten zwischen Bonifacio und dem Golf von Roccapina.

Von der N 196 zwischen Bonifacio und Sartène nach Monacia d'Au-
lène (2 km), einem bekannten Weinanbaugebiet in der Nähe des Gol-
fes von Roccapina. Von Monacia weiter auf der D 50 durch das Vallon
de la Cioccia nach Giannuccio (7,5 km) an der Bocca di Croce d'Arbitro (476 m). Dieser reizend gelegene Ort (Bar) trägt die treffende
Bezeichnung: »pittoresque village«. Beste Parkmöglichkeit auf dem
Platz vor der Kirche am Ortseingang (links).

Vom Parkplatz auf der Hauptstraße bis zu einer Bar/Epicerie. Bei
der nächsten scharfen Kehre der Hauptstraße diese geradeaus verlassen und einen nicht geteerten Fahrweg etwa 15 Minuten benutzen.
Anschießend auf einem guten Pfad nach rechts (Steinmänner) bis
zum Plateau de Presarella. Vom Plateau erst nach Osten, dann gleich
nach rechts (Südwesten) zum Fuße der Cima di Cagna (1230 m). Von
Westen nach Süden den Berg umgehen. Über abgerundete Blöcke
halbrechts haltend zu einem großen Felsentor ansteigen. Vom Felsentor halbrechts haltend, über glatte und abgerundete Felsen zu
einem Rücken, der vom l'Uomo di Cagna nach Norden zieht. Zum
Schluß für kleine Leute schwierig (da vollkommen abgerundete und
grifflose Felspartie) auf den unmittelbar vor dem l'Uomo di Cagna
gelegenen Felsen hinauf. Der Gipfelblock des l'Uomo di Cagna
wurde erst 1970 von L. Schwaller und H. Hirschinger zum ersten Mal
erstiegen.

Giannuccio – Aussichtsfelsen am l'Uomo di Cagna: etwa 3 ½ Stunden.
Leichteste Möglichkeit, den vor dem Uomo die Cagna gelegenen
Aussichtsfelsen zu erreichen: den Felsen nach Osten umgehen, auf
der Ostseite des Grates einige Meter nach Süden, bis man sich unmittelbar vor dem Felsen befindet. Zwischen dem Aussichtsblock
und seinem Fundament hindurch – einige Meter kriechend – zum
Aussichtsblock (völlig unschwierig, sogar mit Kindern möglich).
Höhenunterschied 724 m.
IGN-Karten 1 : 100 000 »Corse Sud« Nr. 74
1 : 50 000 Blatt Sotta Nr. 42/55
1 : 50 000 Blatt Porto Vecchio Nr. 42/54 oder
1 : 25 000 Blatt Porto Vecchio ouest Nr. 42/54
1 : 25 000 Blatt Sotta ouest Nr. 42/55.
vgl. Seite 176.

Durchquerung Korsikas auf dem alpinen Wanderweg »GR 20«

– Sentier de Grande Randonnée de la Corse –

mit Kartenskizzen von Gerhard Paysen Petersen (Hannover), Reinzeichnung durch Gerhard Schnell, Oberkochen/Ostalbkreis.

Der alpine Wanderweg »GR 20« (20 = Postleitzahl von Korsika), der an der Auberge de la Forêt oder in Calenzana bei Calvi im Nordwesten der Insel beginnt und in Conca bei Ste. Lucie de Porto Vecchio endet, durchquert das Landesinnere und damit fast alle Berggruppen Korsikas. Die gesamte Durchquerung stellt ein Unternehmen dar, das gute Kondition voraussetzt. Es ist also eine verhältnismäßig schwierige Wanderung mit einigen Kletterstellen und kein Spaziergang!

Die Erfahrungen der letzten Jahre haben den Beweis erbracht, daß *der korsische »GR« in der Regel unterschätzt wird.* Dieser ist nämlich nicht mit den großen Wanderwegen in Frankreich vergleichbar, da er zum größten Teil durch alpines Gelände führt. Einige Passagen mußten sogar durch Seilsicherungen entschärft werden, Hängebrücken erleichtern die Querung von wasserführenden Schluchten. Der »GR 20« ist auf keinen Fall ein Ziel für Familienwanderungen, wenn auch einige Etappen dazu geeignet erscheinen. Vor Beginn dieser großen Unternehmung, sollten die *einleitenden Abschnitte* in den Führern »Bergwelt Korsika« und »Korsika für Bergsteiger und Kletterer« eingehend studiert werden.

Da die persönliche Kondition und auch die Wetterverhältnisse eine entscheidende Rolle spielen, können die angegebenen Zeiten für die einzelnen Etappen nur dann eingehalten werden, wenn die Rucksäcke nicht zu schwer sind. *Wer nämlich mit zu schwerem Gepäck das große Unternehmen angeht, der wird schon nach der 2. oder 3. Etappe aufgeben müssen.*

Die Zeitangaben

entsprechen einer mittleren Marschzeit *ohne Pausen!* Aus der schematischen Darstellung sind die detaillierten Zeitangaben ersichtlich, und zwar für die Durchquerung von Norden nach Süden oder umgekehrt.

Der »GR 20« und seine Etappen

Nicht immer wird es möglich sein, die Etappenziele der Beschreibung nach einzuhalten. Persönliche Kondition und auch die Wetterlage können eine entscheidende Rolle spielen. Aus der Beschreibung des »GR 20« und aus dem Unterkunftsverzeichnis ist ersichtlich, wo man außer einem Biwak unter südlichem Himmel günstig übernachten kann. Die Selbstversorger-Hütten im Parc Naturel Régional de la Corse sind für die Durchquerung der Insel von entscheidender Bedeutung: vgl. Unterkunftsverzeichnis (Randzahl 6), Seite 24 bis 30 und die »GR 20«-Skizzen.

Von Norden nach Süden oder von Süden nach Norden?

Hier gehen die Ansichten weit auseinander! Die einen schätzen es, die steilen Nordanstiege in den frühesten Morgenstunden zu bewältigen, die anderen möchten von Süden nach Norden gehen und betrachten die relativ leichteren ersten Etappen im Süden der Insel gleichzeitig als Eingehtour. Ein entscheidender Fehler liegt in der Tatsache, daß viele »GR 20«-Interessenten gleich nach einem Flug oder nach der Überfahrt mit dem Schiff und damit von null Meter kommend, sofort die schweren Nord-Etappen angehen wollen. Schon bei der 2. Etappe von Norden nach Süden, wird nämlich die 2000-Meter-Grenze überschritten! Vor dem Unternehmen »GR 20« ist daher ein Ruhetag in Calenzana oder im Kessel von Bonifatu empfehlenswert.

Karten

Die IGN-Faltkarten 1:50000 für Wanderer – mit eingezeichneten Wanderrouten, auch des »GR 20« sowie Lage der Selbstversorger-

128

hütten – Corse Nord Nr. 20 und Corse Sud Nr. 23 von der Edition Didier & Richard in Grenoble sind besonders empfehlenswert: vgl. Seite 176.

Die Hütten sind auch in den Kartenskizzen im Maßstab 1:50000 von Gerhard Paysen Petersen eingezeichnet, die gleichzeitig eine ausgezeichnete Orientierungshilfe darstellen.

Bezugsquellen der Korsika-Karten

Über den Buchhandel bei GEO CENTER, D-7000 Stuttgart 80.

Günstigste Jahreszeit für die Durchquerung Korsikas

Von Mitte Juni bis in den späten Herbst hinein. Wer vor dem 1. Juli den »GR 20« begehen möchte, der wird – je nach Schneefall im Frühjahr – ohne Steigeisen kaum auskommen.

Aktion »Saubere Berge« auch auf Korsika!

Verlassen Sie die Hütten, Bergerien und Rastplätze auch dann sauber, wenn die Vorgänger dieses eigentlich selbstverständliche Gebot nicht eingehalten haben. Helfen Sie bitte mit, damit das Naturparadies Korsika kein »Büchsenparadies« wird!

Der »GR 20«

ermöglicht es, in die wildesten und gleichzeitig schönsten Gebirgsregionen vorzudringen. Die alpine Wanderroute durchquert verschiedenartige Landschaften und bietet immer wieder herrliche Aussichten, die nur bei schönem Wetter durch das Flimmern in der Luft etwas beeinträchtigt werden können. Doch das ist im Herbst nicht der Fall, außerdem sind die Temperaturen um diese Jahreszeit sehr angenehm und nur die kürzer werdenden Tage wirken sich vielleicht etwas nachteilig aus.

Auch der Herbst kann auf Korsika schön sein, und nach der letzten Etappe kann man Ende Oktober/Anfang November im Golf von Pinarello noch ein erfrischendes Bad im Meer nehmen. –

Ausrüstung und Verpflegung für die Durchquerung Korsikas auf dem alpinen Wanderweg »GR 20«

Ausrüstung

Will man den gesamten »GR 20« machen, ist es geboten, sich vom Schwersten zu erleichtern. Der Rucksack sollte ein Maximum von *15 kg* nicht überschreiten.

Entsprechend dem Klima in den Bergen ist die normale Bergausrüstung ausreichend, dazu gehören aber feste Hochgebirgsschuhe! Ein Regenumhang sollte auf keinen Fall fehlen. Die mitzunehmenden Sachen für die Übernachtung hängen davon ab, ob man Biwakieren, Zelten oder in Selbstversorger-Hütten (eventuell auch Bergerien) übernachten möchte.

Bei allen Überlegungen sollte das Gewicht des Rucksackes die entscheidende Rolle spielen!

Wenn man in der Zeit vom 20. Juni bis 10. September reisen möchte, sind die Aussichten auf Dauerregen in normalen Jahren gering und man kann daher ein Freibiwak ins Auge fassen. Heftige Gewitter und Stürme können jedoch auch in dieser Zeit in den Mittagsstunden auftreten.

Die Wahl des Kochgeschirrs obliegt der gleichen strengen Regel, und auch hier sollte das Gewicht die entscheidende Rolle spielen.

Über Einrichtungen der Selbstversorger-Hütten informiert Sie dieser Führer und »Korsika für Bergsteiger und Kletterer«. *Lesen Sie bitte außerdem alle einleitenden Abschnitte in den Führern aufmerksam durch.*

Zusammenfassung

a) Nur feste *Schuhe* mit stabiler Sohle!

b) *Übernachtung:*
– wenn nicht in Selbstversorger-Hütten –·sehr leichtes Bergsteiger-
zelt, große Plastikfolie oder Biwaksack. Schlafen in Höhlen, unter
Überhängen oder in einem selbstgebauten Steinhaus: Dachverstre-
bung aus Ästen, Folie darüber, den Rand mit Steinen beschweren.
Diese zuletzt genannte Möglichkeit hat sich sehr gut bewährt, da es
zahlreiche Höhlen gibt, und auch ein Steinhaus ist in etwa 30 Minuten
fertig. Bitte beachten, daß es in einigen Abschnitten ein Camping-
und Biwakverbot gibt.

Allgemeines *Schlafmaterial:*
Bergsteigerluftmatratze aus Plastik (klein zusammenlegbar, sehr
leicht) oder Isolaterra-Matte, Schlafsack.
Biwak unter freiem Himmel riskant, da ab und zu auch in der Nacht
Regen, je nach Höhenlage die Gefahren durch herumstreunende
Tiere nicht unterschätzen!

c) *Kleidung*
vgl. Einleitung »Korsika für Bergsteiger und Kletterer«:
Regenumhang, Anorak, warmer Pullover für die Nacht, 2 kurze
Unterhosen, 2 Unterhemden, eventuell lange Unterhose für die
Nacht, 2 Hemden, Sonnenhut, Sonnenbrille, Badehose (?).

d) *Bergausrüstung*
Mindestens 2 bis 4 Reepschnüre (5 $\emptyset$ mm und 9 $\emptyset$ mm), 20 m Hilfsseil
(7 $\emptyset$ mm), Verbandszeug, Rettungsfolie, Kompaß, Führer, Karten.
   *Und ein Führer ist nur dann nützlich, wenn man ihn dabei hat. Auf
Korsika muß man eben in vielen Gebieten den Führer und die Karte
stets zur Hand haben!*
   Je nach Schneefall Ende April/Anfang Mai sind u. U. im Juni noch
Steigeisen und Eispickel erforderlich, vor allem in den frühen Morgen-
stunden (z. B. im Cinto-Massiv zwischen den Ruinen der Altore-Hütte
und der Bocca Minuta).

Verpflegung

Was diese betrifft, so gilt das Gleiche wie bei der Ausrüstung. Verpflegung mit dem geringsten Gewicht und den größten Kalorien kommt in diesem Fall in Frage. Sperrige Sachen wie Brote, Gemüsekonserven und Weinflaschen nicht mitnehmen.

Man sollte jede Gelegenheit nutzen und dort eine Mahlzeit zu sich nehmen, wo die Möglichkeit dazu gegeben ist. Spezielle Hinweise in den Beschreibungen der einzelnen Etappen. Aus der Heimat nur Spezialverpflegung mitnehmen, da die Supermärkte in den größeren Orten Korsikas alles bieten und das in großer Auswahl.

Achtung!

Bei der Durchquerung Korsikas ist es durchaus von Vorteil, wenn man entweder vor Beginn der großen Tour Verpflegungsdepots anlegt oder mit einer Versorgungsmannschaft arbeitet. In der Beschreibung der einzelnen Etappen wird immer wieder auf diesen wichtigen Punkt hingewiesen. Weil es in den Hütten Mäuse gibt, Verpflegung dementsprechend verpacken und aufbewahren!

Proviant

möglichst in Pulverform oder getrocknet. Für große Unternehmungen haben sich ausgezeichnet bewährt:
Fleischbrühe, außerdem: Brausepulver, Dextropur, Dauerwurst, Knäckebrot, Multivitamin-Tabletten, Haferflocken, Trockenmilch, Tubenmarmelade, Kaffeepulver, Gewürze in Minibehältern. Das Angebot an Spezialverpflegung in den Katalogen der Sporthäuser beachten!

Wenn Einkaufsmöglichkeit gegeben, nur kleine Konserven kaufen, z. B. Leberpastete.

In der Angelegenheit »Verpflegung« sind Empfehlungen sehr schwer, denn der eine Bergsteiger kann mit Haferflocken auskommen, der andere benötigt eben seine Wurst oder Käse, den man mitunter auf den Bergerien kaufen kann.

»GR 20«-Markierung: Weiß/Rot

Im Schwarz-Weiß-Druck: Umrahmtes Feld = Weiß
Schwarzes Feld = Rot

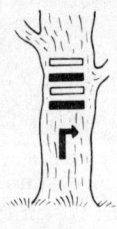

Richtungswechsel

Falsche Richtung

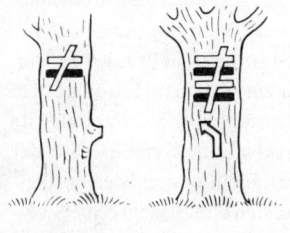

Diese Markierungen kenn-
zeichnen die vom »GR 20« abzweigenden Pfade oder Wege,
die zu einer Siedlung, einer
Herberge oder zu einer Sehens-
würdigkeit führen

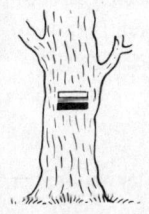

Nicht
unterbrochene
Richtung
des
Wanderweges

Von der Auberge de la Forêt zur Carozzu-Hütte

1. Etappe des GR 20

Norden – Süden   etwa 2 Stunden 45 Minuten
Süden – Norden   etwa 2 Stunden 15 Minuten

Wie unter Randzahl 21 beschrieben, mit Taxi oder eigenem Auto von Calvi zur Auberge de la Forêt im Kessel von Bonifatu (rund 22 km). Übernachtungsmöglichkeit in der Auberge de la Forêt in Zimmern oder in Räumen mit Stockwerkbetten. Duschgelegenheit/Zeltmöglichkeit: Anmeldung in der Auberge. Vor der Auberge und am Ende der Forststraße (vor der Schranke) ausreichende Parkmöglichkeit.

Da der GR 20 zwischen der Auberge de la Forêt und der Carozzu-Hütte durch einen Hochwald führt und daher keine Luftbewegung auf dem Pfad entstehen kann, frühzeitig aufbrechen! Vom Parkplatz in ca. 10 bis 15 Minuten bis zum Ende des Forstweges (links die Furt Roncu, die den Zugang ins Melaghia-Tal vermittelt). Vom Ende des Forstweges leicht rechts haltend auf einem uralten Hirtenpfad (weiß-rote Markierung des GR 20) in ca. 2½ Stunden zur Carozzu-Hütte auf dem Gelände der Bergerie Spasimata (vgl. Randzahl 21 und Skizze auf Seite 135). Die 4 Bachübergänge auf diesem Abschnitt können z. Zt. der Schneeschmelze oder bei Unwetter – vor allem in den Nachmittagsstunden – unpassierbar werden. Bei reißenden Fluten nicht ohne Seilsicherung die Querung der Bäche versuchen (es gab schon einige Todesfälle!). Am sichersten ist es, das Unwetter bis zum nächsten Tag abwarten und ein Biwak vornehmen.

Der GR 20 von Calenzana aus

Wegen den immer wieder stattfindenden Waldbränden mußte der GR 20 verlegt werden.

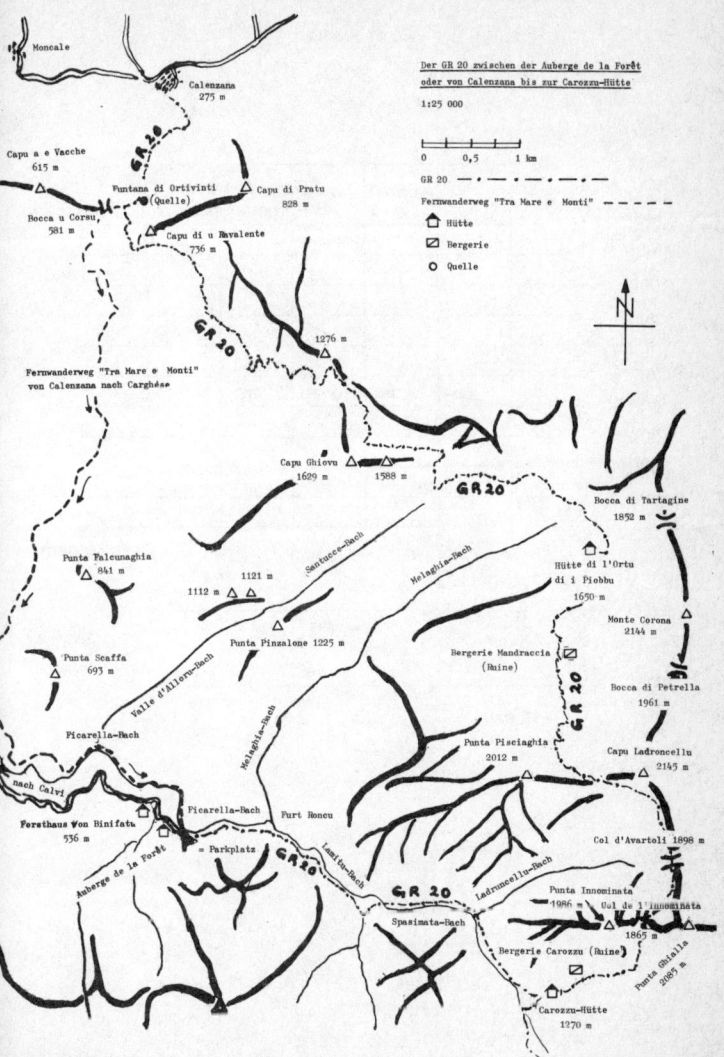

Der GR 20 zwischen der Auberge de la Forêt
oder von Calenzana bis zur Carozzu-Hütte

1:25 000

0   0,5   1 km

GR 20 ———

Fernwanderweg "Tra Mare e Monti" – – – – –

⌂ Hütte

◪ Bergerie

○ Quelle

Moncale

Calenzana
275 m

Capu a e Vacche
615 m

Funtana di Ortivinti
(Quelle)

Capu di Pratu
828 m

Bocca u Corsu
581 m

Capu di u Ravalente
736 m

1276 m

Fernwanderweg "Tra Mare e Monti"
von Calenzana nach Carghèse

Capu Ghiovu
1629 m   1588 m

GR 20

Bocca di Tartagine
1852 m

Punta Falcunaghia
841 m   1121 m

1112 m   Santucce-Bach

Melaghia-Bach

Hütte di l'Ortu
di i Piobbu
1650 m

Monte Corona
2144 m

Punta Scaffa
693 m

Valle d'Allera-Bach

Punta Pinzalone 1225 m

Melaghia-Bach

Bergerie Mandraccia
(Ruine)

Bocca di Petrella
1961 m

Picarella-Bach

Punta Pisciaghia
2012 m

Capu Ladroncellu
2145 m

nach Calvi

Forsthaus von Binifatu
536 m

Picarella-Bach

Furt Roncu

Auberge de la Forêt

= Parkplatz

GR 20

Innifa-Bach

GR 20

Ladroncellu-Bach

Col d'Avartoli 1898 m

Punta Innominata
1986 m   Col de l'Innominata
1865 m

Spasimata-Bach

Bergerie Carozzu (Ruine)

Punta Ghialla
2085 m

Carozzu-Hütte
1270 m

135

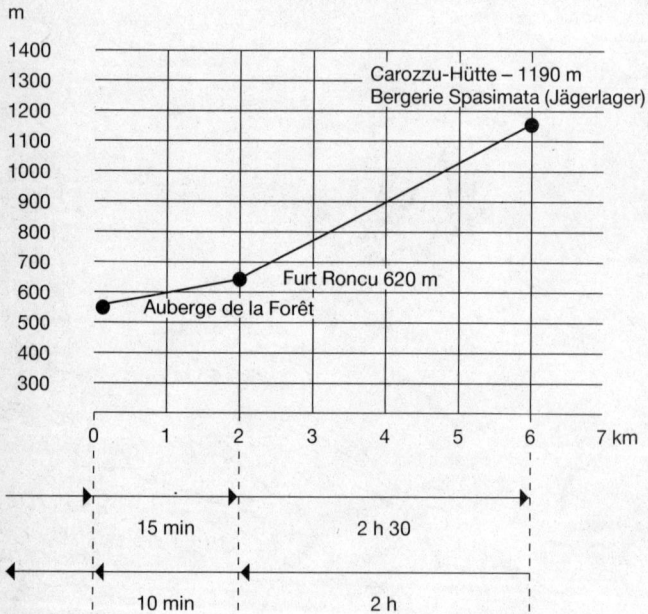

m

1400
1300   Carozzu-Hütte – 1190 m
1200   Bergerie Spasimata (Jägerlager)
1100
1000
900
800
700
600   Furt Roncu 620 m
500   Auberge de la Forêt
400
300

0   1   2   3   4   5   6   7 km

15 min   2 h 30

10 min   2 h

136

Route 1 a

Von einem gemauerten Brunnen im Südosten von Calenzana auf dem GR 20 zur »Funtana di Ortivinti 550 m« (Quelle). Kurz danach zweigt zuerst nach Westen, dann nach Süden (vgl. Skizze auf Seite 135) der Fernwanderweg »Tra Mare e Monti« von Calenzana nach Carghèse ab. Auf diesem sehr angenehmen Weg (Markierung: orange) in rund 5 Stunden zur Auberge de la Forêt im Kessel von Bonifatu. Weiterweg: vgl. Beschreibung der 1. Etappe und Skizze sowie schematische Darstellung.

Route 1 b
(weiß-rote Markierung des GR 20)
Es ist eine Route nur für erfahrene Bergwanderer mit bester Kondition.

Bis zum höchsten Punkt ist von Calenzana aus ein Höhenunterschied von 1725 m zu bewältigen. Wie unter 1 a beschrieben, zur Quelle von Ortivinti. Kurz nach der Quelle in südöstlicher Richtung (vgl. Skizze) zur Hütte »di l'Ortu di i Piobbu (1650 m): 5 bis 6 Stunden. Übernachtung erforderlich!

Am nächsten Tag von der Hütte zuerst nach Süden zu den Ruinen der Bergerie Mandraccia. Je nach Jahreszeit u. U. letzte Wasserstelle!

Von der Bergerie steigt die Route steil an zu einem Col (2000 m) westlich des Capu Ladroncellu. Der Abstieg erfolgt durch das Couloir Vert mit anschließender Querung zum Col d'Avartoli (1898 m) und weiter zum Col de L'Innominata (1865 m). Vom Col de l'Innominata geht es nur noch abwärts bis zur Carozzu-Hütte (1270 m). Beim Abstieg vom Col de l'Innominata erreicht man eine kleine Schlucht an der Südseite der Punta Innominata, die je nach Jahreszeit Wasser führen kann. Die nächste Wasserstelle nach den Ruinen der Bergerie Carozzu bei der Durchquerung eines Bachbettes oder erst bei der Carozzu-Hütte. Von der Hütte »di l'Ortu di i Piobbu« bis zur Carozzu-Hütte: 5½ bis 6½ Stunden je nach Gewicht des Rucksackes.
Gesamtzeit von Calenzana bis zur Carozzu-Hütte: etwa 12 Stunden (ohne Pausen).

2. Etappe

Von der Carozzu-Hütte nach Haut-Asco und zu den Ruinen der Altore-Hütte

Norden – Süden   etwa 7 Stunden.
Süden – Norden   etwa 6 Stunden.

Von der Bergerie Spasimata bzw. Carozzu-Hütte der Markierung folgend nach Süden. Nach der Waldgrenze nach rechts und über die Hängebrücke (max. 2 Personen) zum orographisch linken Ufer des Spasimata-Baches. Wie unter Randzahl 22 beschrieben (z. T. leichte Kletterstellen) zum Muvrella-See: in der Umgebung Schafweiden, daher kein Trinkwasser, aber Quelle in den Erlen dahinter. Von dem kleinen See in südlicher Richtung zu einer markanten Scharte (2000 m) im Westgrat der A Muvrella, die durch einen markanten Felsen gekennzeichnet ist, der einem Osterhasen gleicht. Früher verlief der »GR 20« über den Gipfel der A Muvrella.

Von der »Osterhasenscharte« zur Brêche de Stagnu (1985 m). Von der Brêche de Stagnu steiler Abstieg zum Hotel »Le Chalet« auf dem Plateau Stagnu.

Höhenunterschied: 563 m
Zeit: Brêche de Stagnu – Plateau Stagnu = zwischen 45 Minuten und 1 Stunde.

(Die Markierung des bisherigen Verlaufes des GR 20 über die Punta Culaghia zur Brêche de Missoghiu und weiter zum oberen Plateau Stagnu wurde weiß überstrichen!)

Zwischen Carozzu- und Altore-Hütte (Ruine)

2. Etappe

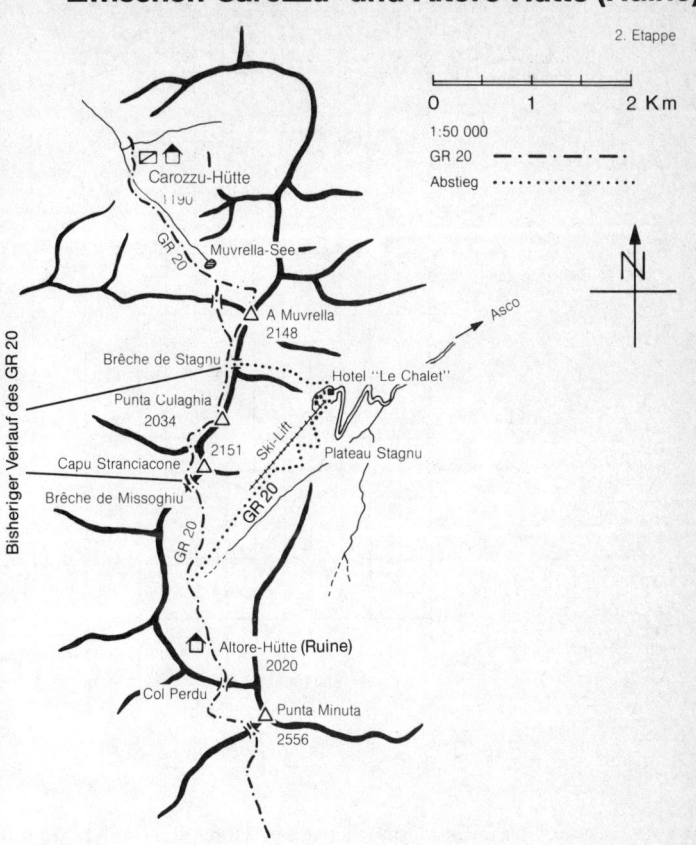

0   1   2 Km

1:50 000

GR 20 — · — · —

Abstieg · · · · · · · · · · ·

N

Bisheriger Verlauf des GR 20

Carozzu-Hütte
1190

GR 20

Muvrella-See

A Muvrella
2148

Brêche de Stagnu

Punta Culaghia
2034

2151

Capu Stranciacone

Brêche de Missoghiu

Hotel "Le Chalet"

Ski-Lift

Plateau Stagnu

Asco

GR 20

GR 20

Altore-Hütte (Ruine)
2020

Col Perdu

Punta Minuta
2556

139

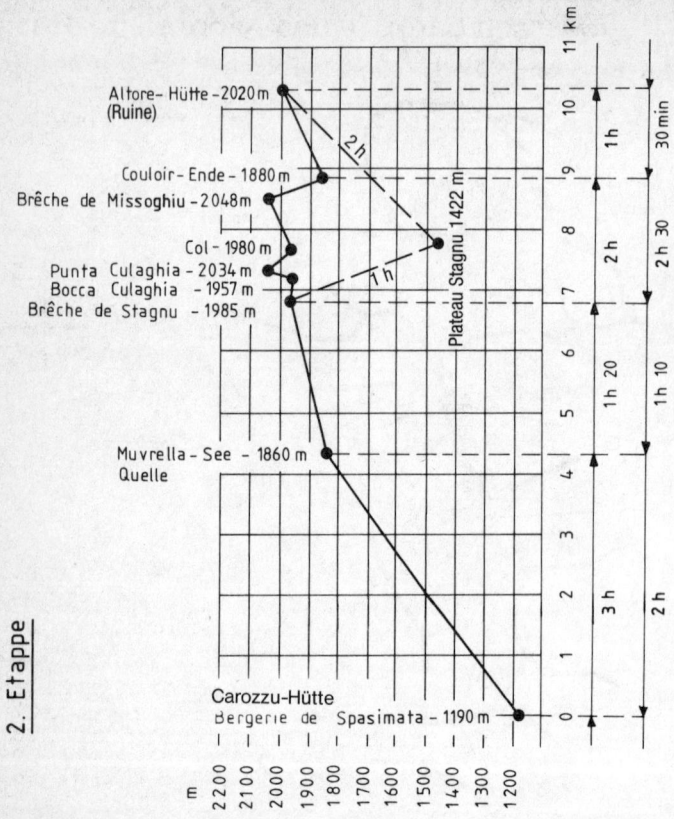

Sehr gute Übernachtungsmöglichkeit im Hôtel »Le Chalet«: Zimmer mit Dusche oder Bad, aber auch preisgünstige Zimmer mit Stockwerkbetten im Kellergeschoß (Duschmöglichkeit) und Zweibettzimmer im Dachgeschoß. Gutes Essen! Spezielle Übernachtungs- und Biwakmöglichkeiten für GR 20-Wanderer.

Vom Plateau Stagnu zuerst am Schlepplift entlang nach Süden, dann in der gleichen Richtung den Pfadspuren (Steinmänner, Markierung) folgend in 2 Stunden zu den Ruinen der Altore-Hütte.

140

Von der Altore-Hütte (Ruine) zur Hütte Ciottuli di i Mori unterhalb des Col des Maures

Norden – Süden etwa 8 Stunden.

Süden – Norden etwa 7 Stunden.

Von den Ruinen der Altore-Hütte zum Col Perdu (2183 m). Von dieser bedeutenden Scharte steil hinab in den Kessel von Solitude (1980 m) und wieder hinauf zur Bocca Minuta (2218 m). Diese schwierige Passage wird noch im Spätfrühjahr mitunter ohne Steigeisen und Pickel kaum begehbar sein. Die künstlichen Sicherungsanlagen werden mit größter Wahrscheinlichkeit noch unter Schneemassen verborgen sein (je nach Schneefall im Frühjahr). Auch im Sommer ist hier äußerste Vorsicht geboten! – *Die schwierigste Passage des gesamten GR 20 nur bei gutem Wetter, ausgeruht und ohne Zeitnot begehen. Wegen schwerster Unfälle muß die Warnung mit aller Deutlichkeit zum Ausdruck gebracht werden! –* .

Von der Bocca Minuta hinab zur Tighiettu-Hütte und weiter zur Bergerie Ballone (1440 m) im Viru-Tal. Bei Schlechtwettereinbruch günstiger Abstieg über die Grotte des Anges nach Calasima und weiter nach Albertacce im Niolu. – Der »GR 20« verläuft am orographisch rechten Ufer (am linken die Route in Richtung Grotte des Anges – Calasima), und zwar etwa der Höhenlinie 1400 Meter entsprechend bis zum Fuße der mächtigen Ostseite der Paglia Orba, dann zuerst in südöstlicher Richtung zu einem bewaldeten Höhenrücken (Fortsetzung des Südostgrates der Paglia Orba), dem sich der Abstieg nach Südwesten zu den Pfadspuren Viru-Tal – Bergerie Prugnoli – Bocca di Foghieghiallu anschließt (auf diesem Abschnitt mehrere Bäche mit gutem Trinkwasser). Den Spuren und der Markierung folgend recht mühsam hinauf zur Bocca di Foghieghiallu (1962 m). Herrlicher Rückblick zum Monte Albanu und zu den Cinque Frati. Von der Scharte über flacheres Gelände zuerst etwas ansteigend, dann abwärts zur Hütte Ciottuli di i Mori in der Nähe des Golo-Ursprunges. Auf der Route zum Col des Maures ideale Biwakmöglichkeit unter einem Riesenfelsblock.

Von der Altore-Hütte (Ruine) zur Hütte Ciottuli di i Mori

3. Etappe und Anfang der 4. Etappe

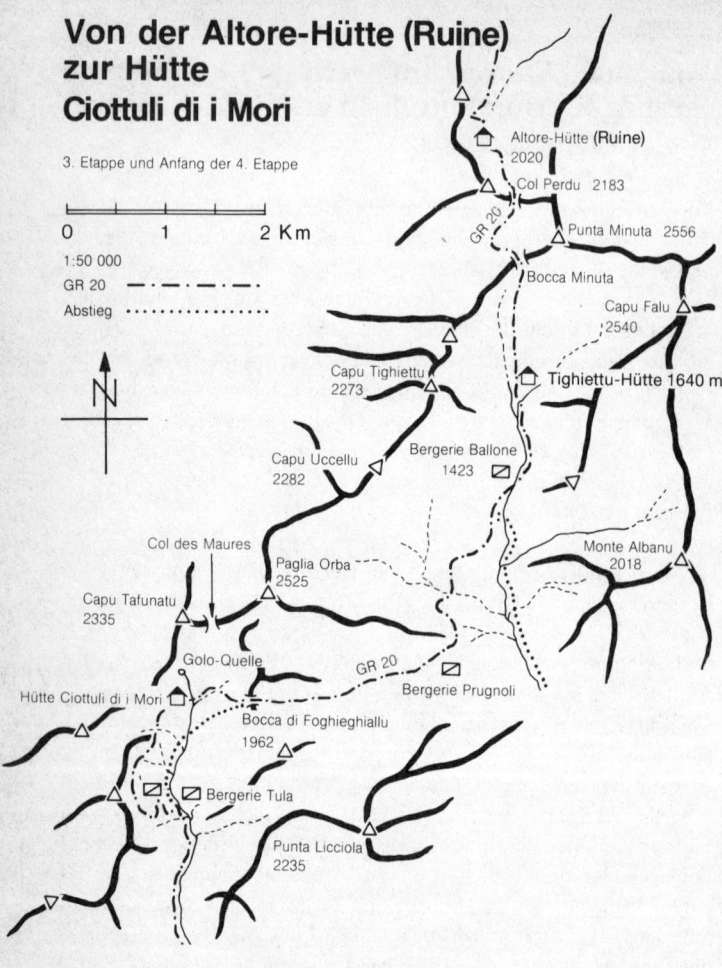

Abkürzung:

Von der Bocca die Foghieghiallu direkt zur Bergerie Tula absteigen (vgl. Skizze): Biwakmöglichkeit unter einem Felsen – im Abstieg links von der Route – oder in den Bergerie-Anlagen.

142

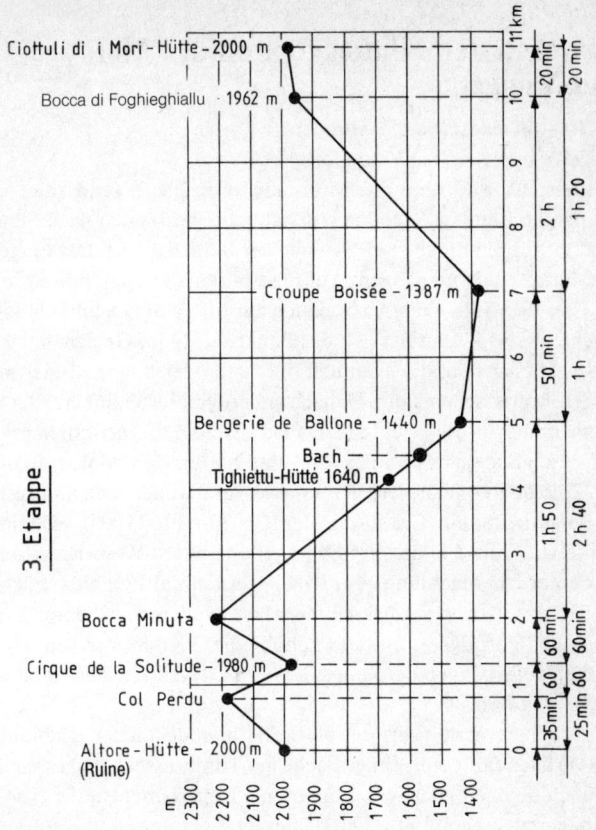

Variante: Tighiettu-Hütte – Grotte des Anges – Calasima – Bergerie
Gratule (Markierung orange).

4. Etappe

Zwischen den Hütten Ciottuli di i Mori und Manganu

Norden – Süden   etwa 8½ Stunden.

Süden – Norden   etwa 9 Stunden.

Von der Hütte Ciottuli di i Mori dem »GR 20« folgend zuerst am Hauptkamm entlang (schöne Aussicht zur Westküste) nach Süden, dann in Kehren hinab zum Gelände der Bergerie Tula. Die Bergerie selbst wird dabei umgangen. Auf Pfadspuren am orographisch rechten Ufer des Golo – die Abzweigung zur Bocca di Guagnerola nicht beachten – bis in den Bereich des Punktes 1544 m. Geeignete Übergangsstelle suchen, die eventuell oberhalb oder unterhalb der markierten Route liegen kann. Danach am orographisch linken Ufer auf einem immer besser werdenden Pfad bis zu den Wasserfällen von Radule am Beginn des Waldes von Valdu Niellu. *Vor* den Wasserfällen den Golo queren (markiert; Trinkwasser) und weiter nach Südwesten zur Bergerie Radule (Gratule auf der IGN-Karte 1 : 25 000). – Der Pfad nach rechts zum Col de Verghio ist gelb markiert. Wer wegen Essen oder einer Übernachtung zum Hotel »Castellu di Verghio« möchte, der sollte auf diesem angenehmen Pfad weitergehen, denn es ist wesentlich günstiger, von der Paßhöhe die 2 Kilometer zum Hotel hinabzulaufen als von der Kehre »Le Fer à Cheval« auf der Fahrstraße hochzuwandern.

Von der Bergerie führt der »GR 20« in südöstlicher Richtung – quert je nach Jahreszeit einige Bäche mit Trinkwasser – und erreicht – zum Schluß in einigen Serpentinen – die Departementstraße D 84 an der bekannten Kehre »Le Fer â Cheval« (= Hufeisen, die auf jeder Straßenkarte so bezeichnet wird). Höhenlage der Kehre: 1329 Meter (Hinweisschilder). – Da diese Stelle mit dem Auto gut erreichbar ist, eignet sie sich für die Anlage eines Depots im Gelände. Wegen der Schweine mit schweren Steinen gut abdecken! – Etwa 700 Meter bergabwärts das militärische Bergzentrum »Ciatterinu«.

Anmerkung Günstige Abstiegsmöglichkeit zum Einkaufen nach Albertacce (17 km) oder nach rechts entlang der D 84 zu dem 2 Kilo-

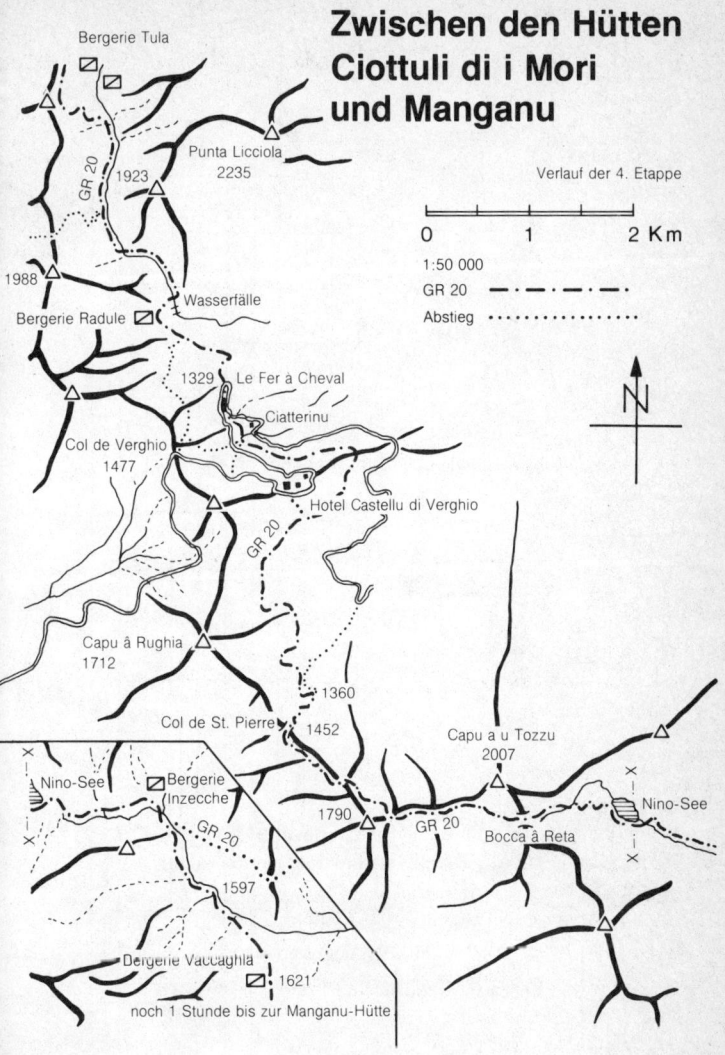

Zwischen den Hütten
Ciottuli di i Mori
und Manganu

Bergerie Tula

Punta Licciola
2235

GR 20

1923

1988

Bergerie Radule

Wasserfälle

1329   Le Fer à Cheval

Ciatterinu

Col de Verghio
1477

Hotel Castellu di Verghio

GR 20

Capu â Rughia
1712

1360

Col de St. Pierre   1452

Capu a u Tozzu
2007

Nino-See

Bergerie
Inzecche

Nino-See

GR 20

1790   GR 20

Bocca à Reta

1597

Bergerie Vaccaghia

1621

noch 1 Stunde bis zur Manganu-Hütte

Verlauf der 4. Etappe

0   1   2 Km

1:50 000

GR 20

Abstieg

N

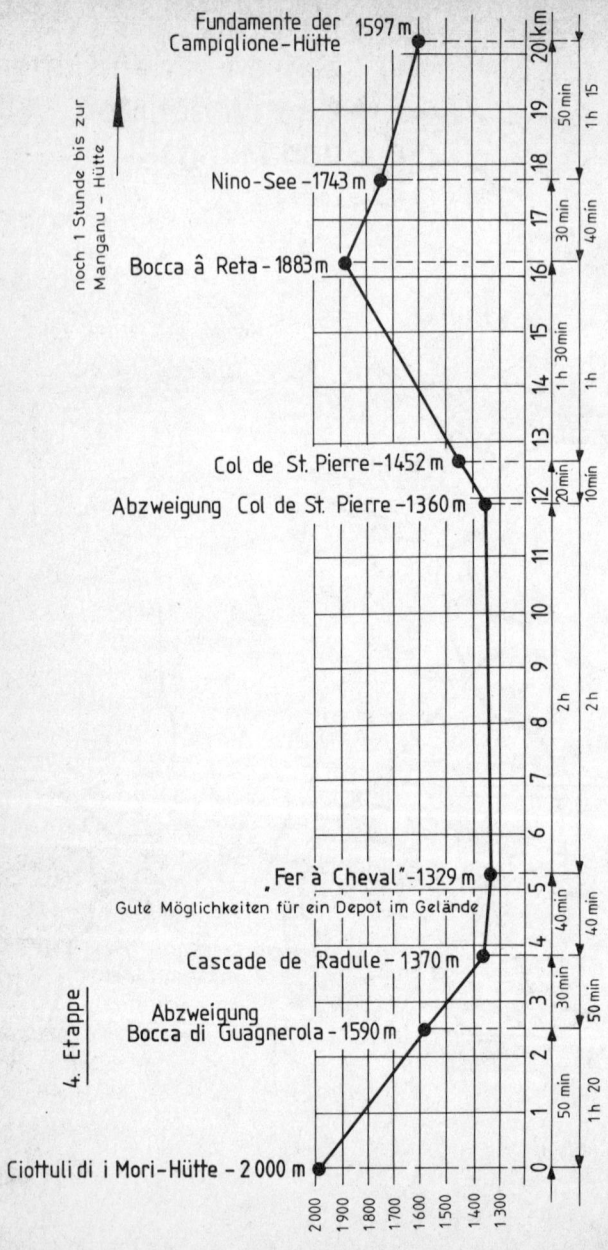

Fundamente der Campiglione-Hütte 1597 m

noch 1 Stunde bis zur Manganu – Hütte

Nino-See – 1743 m

Bocca â Reta – 1883 m

Col de St. Pierre – 1452 m

Abzweigung Col de St. Pierre – 1360 m

„Fer à Cheval" – 1329 m

Gute Möglichkeiten für ein Depot im Gelände

Cascade de Radule – 1370 m

Abzweigung
Bocca di Guagnerola – 1590 m

4. Etappe

Ciottuli di i Mori – Hütte – 2 000 m

20 km
50 min   1 h 15
18
30 min   40 min
16
1 h 30   1 h
13
20 min   10 min
12
2 h   2 h
5
40 min   40 min
4
30 min   50 min
50 min   1 h 20
0

2000 1900 1800 1700 1600 1500 1400 1300

meter entfernten Hotel »Castellu di Verghio«. Im Hotel gutes Essen und Übernachtungsmöglichkeit, außer dem Einkaufsmöglichkeit von Tourenverpflegung (Verkaufszeiten sind im Hotel angeschlagen). Um Zeitverlust zu vermeiden, wird es günstiger sein, vom Hotel aus ein Taxi anzufordern und mit diesem zum Einkaufen zu fahren, wenn bei einer Gruppenfahrt größere Mengen an Verpflegung benötigt werden. Das Hotel eignet sich als Treffpunkt mit einer Versorgungsmannschaft.

Vom Hotel in südlicher Richtung zur Waldgrenze und der gelben Markierung folgend hinab zum »GR 20«. –

Von der Kehre »Le Fer à Cheval« auf dem markierten GR 20 zwischen Bäumen hindurch, dann auf dem Rundweg durch den Forst von Valdu Niellu sehr angenehm bis zur markanten Abzweigung (1360 m) nach rechts (Süden) zum Col de St. Pierre. –
Auf diese Abzweigung besonders achten und auf keinen Fall dem angenehmen Weg geradeaus folgen! –

In Kehren durch einen Buchenwald empor zum Col de St. Pierre (1452 m, Minikapelle). Auf einem uralten Saumpfad am Höhenrücken San Tomaghiu entlang zur Bocca â Reta (1883 m) und weiter zum herrlich gelegenen Nino-See (1743 m); kein Trinkwasser, aber Quellen in den Erlen an der SW-Seite des Sees) mit Blick zum mächtigen Rotondo-Massiv. Am Südufer entlang und dann dem Tavignano-Bach folgend, bis links die Bergerie Inzecche (im Sommer Käseverkauf) sichtbar wird. In diesem Bereich den Tavignano queren. Bald danach erreicht man eine Lichtung im Buchenwald von Campotile und damit den Punkt 1597 m mit den Fundamenten der ehemaligen Campiglione-Hütte. Etwa 30 Minuten danach die Bergerie Vaccaghia, die nicht mehr als Notunterkunft benutzt werden kann. Von der Bergerie sieht man bereits die am »GR 20« gelegene Selbstversorger-Hütte »Manganu« (1 Std. von der Bergerie Vaccaghia).

Kurz nach der Bergerie Vaccaghia (1621 m) geht's über ein fast ebenes Wiesengelände. Sollte jedoch bei ungünstiger Witterung die Manganu-Hütte nicht zu sehen sein, muß man auf die Markierung und die Allgemeineinrichtung besonders achten. Gegebenenfalls bis zur letzten bekannten Markierung zurückgehen!

– Von der Bocca d'Acqua Ciarnente (1568 m) Abstiegsmöglichkeit (gelbe Markierung) in Richtung Südwesten – vorbei am sagenumwobenen Crena-See – nach Soccia (etwa 4 Std.; in Soccia das »Hôtel U Paese«). –

Wegweiser an der Bocca d'Acqua Ciarnente:

1. Lac de Crena
2. Lac de Nino
3. di Manganu

Von den Wegweisern in 15 Minuten zur Selbstversorger-Hütte »Manganu« (1601 m). Bei Überfüllung der Hütte und des Hüttengeländes Biwakmöglichkeiten direkt am »GR 20«, vor allem herrliche Plätze nach der ersten Steilstufe auf der 5. Etappe (Trinkwasser vom Bach).

5. Etappe

Von der Manganu-Hütte zur Selbstversorger-Hütte Pietra Piana im Manganello-Tal

Norden – Süden etwa 8 Stunden.
Süden – Norden etwa 7½ Stunden.

Von der Manganu-Hütte durch das Manganu-Hochtal empor. Nach einer ersten Steilstufe die bereits erwähnten herrlichen Biwakplätze auf schön gelegenen Weidegründen, denen weitere folgen. Im letzten Weidegrund ein kleiner See, danach beginnt der steile Aufstieg zur »Brêche de Capitello (2225 m) im Hauptkamm zwischen Punta alle Porte und Pic Lombarduccio. – Kurz vor der Capitello-Scharte (in etwa 1900 m) eine gut markierte Quelle. – Von der Brêche de Capitello – im Frühjahr über steile Schneefelder – in südwestlicher Richtung zu einer Scharte östlich der Punta alle Porte (1990 m).

Beeindruckender Blick zum Capitello-See und zum Pic Lombarduccio. Von dieser Aussichtsscharte besteht die Möglichkeit (gelbe Markierung), durch eine Felsrinne zum Capitello-See und weiter am Melo-See vorbei ins Restonica-Tal und damit in Richtung Corte abzusteigen.

Manganu-Hütte – Pietra-Piana-Hütte

Ende der 4. und 5. Etappe

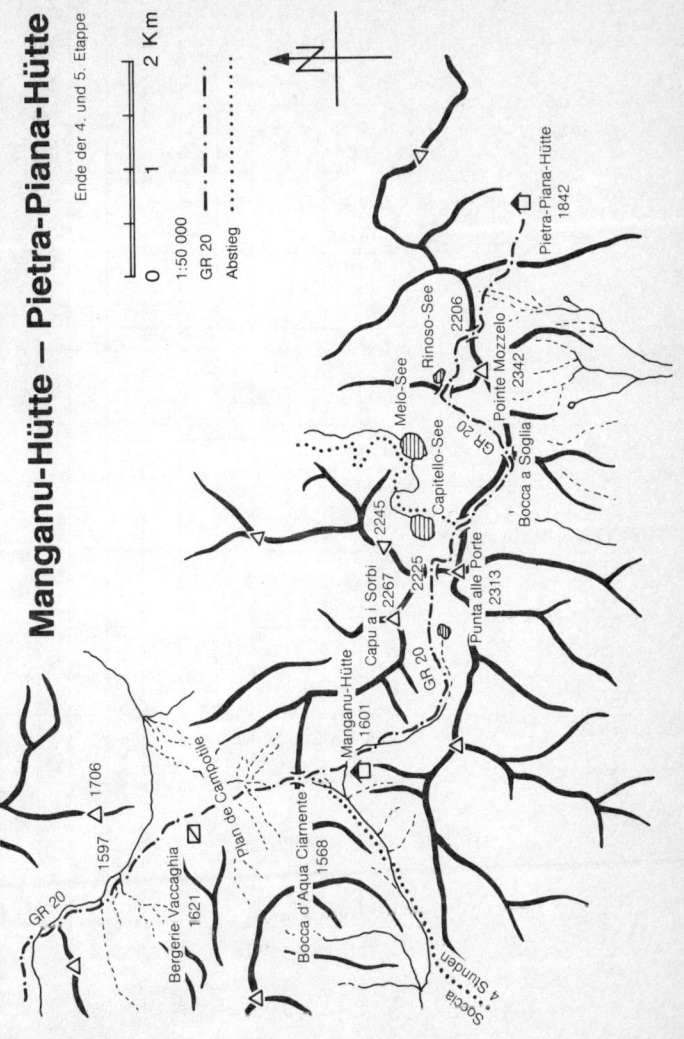

0   1   2 Km

1:50 000
GR 20 — · — · —
Abstieg · · · · · · ·

Pietra-Piana-Hütte 1842

Rinoso-See 2206

Melo-See

Pointe Mozzelo 2342

Capitello-See

GR 20

Bocca a Soglia

2245

Capu a i Sorbi 2267

2225

Punta alle Porte 2313

GR 20

Manganu-Hütte 1601

1597 △ 1706

Plan de Campoile

Bergerie Vaccaghia 1621

Bocca d'Aqua Ciarnente 1568

4 Stunden

Soccia

GR 20

149

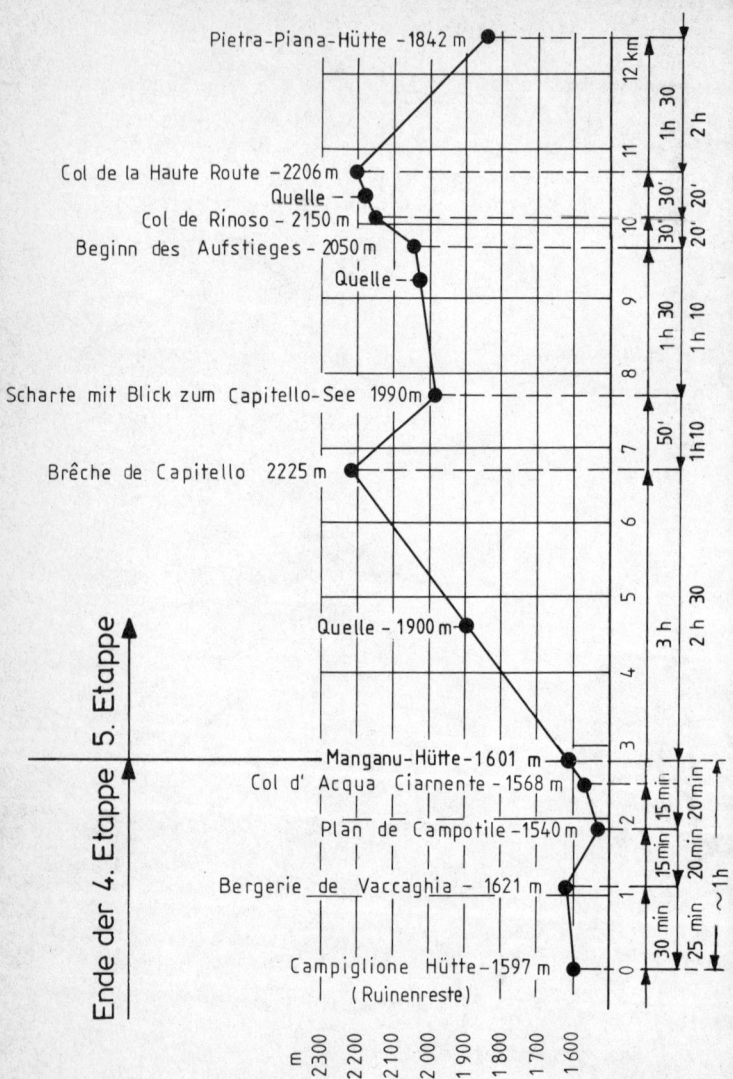

Pietra-Piana-Hütte –1842 m
1h 30 / 2 h

Col de la Haute Route –2206 m
Quelle –
30' / 20'
Col de Rinoso – 2150 m
30' / 20'
Beginn des Aufstieges – 2050 m
Quelle –
1h 30 / 1h 10

Scharte mit Blick zum Capitello-See 1990 m
50' / 1h10

Brêche de Capitello 2225 m

Quelle – 1900 m
3 h / 2 h 30

Manganu-Hütte –1601 m
Col d' Acqua Ciarnente –1568 m
15 min / 15 min / 20 min
Plan de Campotile –1540 m
15 min / 20 min / ~1h
Bergerie de Vaccaghia – 1621 m
30 min / 25 min

Campiglione Hütte –1597 m
(Ruinenreste)

Ende der 4. Etappe   5. Etappe

m 2300 2200 2100 2000 1900 1800 1700 1600

150

Der »GR 20« verläuft bis zur Bocca a Soglia (2052 m) an der Süd-flanke des Hauptkammes, um dann auf die Nordseite zu wechseln. Querung eines Erlengestrüppgürtels in nordöstlicher Richtung. Mit Beginn des Aufstieges nach Osten zum Col de Rinoso (2150 m) wird die Route wieder angenehmer. Von der kleinen Paßhöhe herrlicher Rückblick auf den Melo-und Capitello-See und die sie umgebenden Berge. Nach Durchschreiten eines kleinen Felsentales erblickt man links unten (nördlich) den so reizend gelegenen Lac de Rinoso. Bald danach ist der Col de la Haute Route (2206 m) erreicht. Damit hat man die Pointe Mozzello (2342 m) – im Hauptkamm gelegen – umgangen.

Vom Col de la Haute Route in südöstlicher Richtung über die Süd-hänge der A Maniccia (2425 m). Etwas nördlich der Bocca Manga-nello wird der Höhenrücken bei etwa 2050 Meter nach Osten über-schritten. Absteigend erreicht man ein bewachsenes Plateau (Quell-gebiet des Manganello-Baches) und sieht bei günstiger Witterung die Pietra-Piana-Hütte.

Alpine Variante
Bergerie de Vaccaghia – Bergerie de Lenze (Ruine) – Lac de Goria – Brêche de Goria – Lac de Capitello. Vom Capitello-See Abstiegsmög-lichkeit durch das Restonica-Tal in Richtung Corte oder Aufstieg nach Süden zum »GR 20« (vgl. Beschreibung der 5. Etappe mit dem Hinweis der Abstiegsmöglichkeit in Richtung Corte).

Diese Variante ist z. T. gelb markiert!

6. Etappe
Von der Pietra-Piana-Hütte zur Onda-Hütte

Norden – Süden   etwa 5 Stunden.
Süden – Norden   etwa 7 Stunden.
Von der Pietra-Piana-Hütte hinab zu den Bergeries de Gialgo (1609 m). Von diesen auf gutem Pfad in östlicher Richtung zum Man-ganello-Bach (1450 m). Nach der Querung nicht nach Osten in Rich-tung Bocca Tribali (im Manganello-Tal bleiben)!

– Da man kurz *vor* der mächtigen Brücke »Pont du Vecchio (von Corte kommend) fast bis zum Ende des Verjello-Tales fahren kann,

Pietra-Piana-Hütte – Onda-Hütte

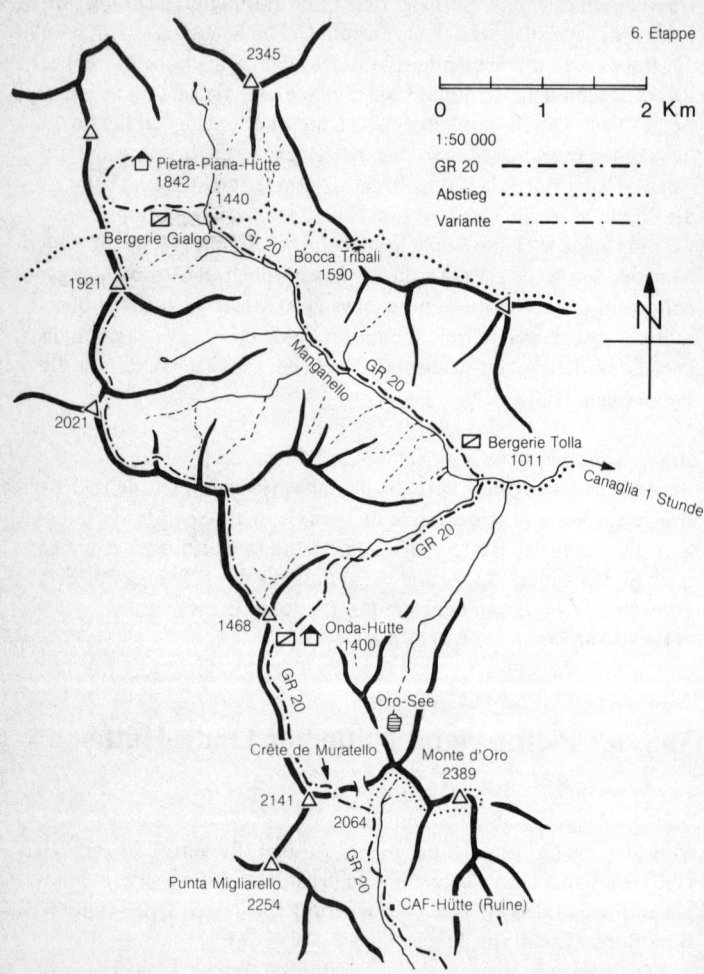

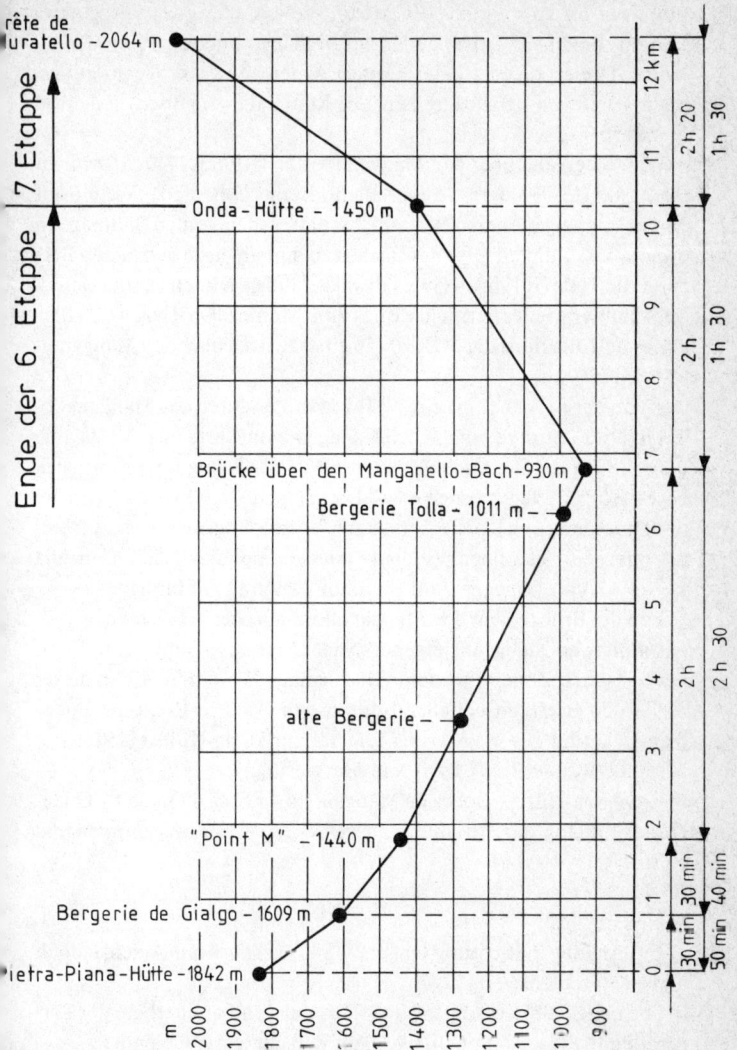

Crête de Muratello – 2064 m

Onda-Hütte – 1450 m

Brücke über den Manganello-Bach – 930 m

Bergerie Tolla – 1011 m

alte Bergerie –

"Point M" – 1440 m

Bergerie de Gialgo – 1609 m

Pietra-Piana-Hütte – 1842 m

Ende der 6. Etappe | 7. Etappe

2 h 20 | 1 h 30

2 h | 1 h 30

2 h | 2 h 30

30 min | 30 min | 40 min

30 min | 50 min

m 2000 1900 1800 1700 1600 1500 1400 1300 1200 1100 1000 900

0 1 2 3 4 5 6 7 8 9 10 11 12 km

153

und zwar bis zum Punkt 1046 Meter, erreicht man von dort in etwa 1 Stunde die Bocca Tribali und in weiteren 2 Stunden die Pietra-Piana-Hütte. Dieser Zugang kann bei der Arbeit mit einer Versorgungsmannschaft von Bedeutung sein. Die Route über die Bocca Tribali ist markiert. –

Vom Übergang über den Manganello-Bach (Point 1440 m) erreicht man bald die Waldgrenze (verfallene Bergerie-Bauten). Weiter auf einem sehr angenehmen Weg unter schattenspendenden Bäumen am orographisch linken Ufer des Baches zu den idyllisch gelegenen Bergeries de Tolla (1011 m). – Gutes Biwakgelände am Bach vor der Bergerie. – Immer wieder herrlicher Blick zum Monte d'Oro! Nach den Bergeries de Tolla führt der »GR 20« zu einer Brücke über den Manganello-Bach (930 m).

– Von der Brücke führt ein Waldweg weiter durch das Manganello-Tal in etwa 1 Stunde hinab nach Canaglia: von Corte oder Vizzavona über die N 193 gut erreichbar. Dieser Weg ist wichtig für den Abstieg bei Schlechtwettereinbruch bzw. als Zugang für den Fall, daß man bei der Durchquerung Korsikas mit einer Versorgungsmannschaft arbeitet oder ein Verpflegungsdepot anlegen möchte. Nach Canaglia 1 Stunde. Von Canaglia zum Bahnhof Tattone 1½ Stunden. –

Von der Brücke über den Manganello-Bach zuerst auf einem verfallen Forstweg stetig ansteigend. Nach Erreichen einer mit Erlen bewachsenen Zone führt der »GR 20« nach Westen, quert an dieser Stelle den Bach, anschließend durch den Wald in Richtung Bocca d'Oreccia und der Markierung folgend zur Onda-Hütte (1450 m).
Variante (wie »GR 20« weiß-rote Markierung)
Pietra-Piana-Hütte – Bocca de Manganello – Bocca d'Oreccia – Onda-Hütte. Entlang der Variante keine Quellen, daher im Sommer und Herbst kein Wasser!

Hinweise:
a) Ein Abstieg in Richtung Guagno bzw. Aufstieg ist möglich, jedoch nicht empfehlenswert.
b) Die neue Selbstversorger-Hütte liegt gut sichtbar oberhalb der Bergerie de l'Onda. Zeltmöglichkeit auf dem Bergerie-Gelände.
c) Bei Überfüllung der Hütte und der Bergerie de l'Onda Notunter-

kunft in der Bergerie de Tarriccione möglich (auf der gegenüberliegenden Seite der Bocca d'Oreccia; 30 bis 45 Minuten von der Bergerie de l'Onda).

(Ein Abstieg von der Bergerie de Tarriccione nach Südwesten in Richtung Chiusa – Pastricciola ist möglich, jedoch nicht empfehlenswert.

Anwesenheit der Hirten auf der Bergerie de l'Onda: Von Mitte Juni bis Anfang Oktober.

7. Etappe

Von der Onda-Hütte nach Vizzavona

Norden – Süden   etwa 6 Stunden.
Süden – Norden   etwa 6 Stunden.

Von der Onda-Hütte über einen Bergrücken zur Crête de Muratello. – Bei einem frühzeitigen Aufbruch die Besteigung des Monte d'Oro möglich: vgl. Skizze und Routenbeschreibung (Randzahl 51).

Von der Crête de Muratello nach Süden hinab in das Hochtal von Agnone. Bei 1620 Metern wird ein mit Erlen bewachsener Kessel erreicht. Die Spuren gehen allmählich in einen Pfad über und führen am orographisch linken Ufer des Agnone-Baches entlang bis zu den Ruinenresten der ehemaligen CAF-Hütte (1490 m). Kurz danach wird der Bach gequert (Portetto-Furt; 1410 m; Brücke ?). Der Weiterweg verläuft jetzt am orographisch rechten Ufer durch einen mächtigen Buchenwald. Unterhalb der Wasserfälle »Cascades des Anglais« wechselt der »GR 20« wieder auf das linke Ufer (1092 m). Bei hohem Wasserstand mitunter schwierige Querung! Es ist daher günstiger, keine Querung vorzunehmen, sondern am orog. rechten Ufer weiter absteigen. Nach wenigen Minuten sieht man eine Brücke, die den besten Übergang vermittelt. Nach der Brücke in ca. 80 bis 90 Schritten erreicht man wieder den »GR 20«. (In umgekehrter Richtung erreicht man diese Übergangsstelle in ca. 45 Minuten von der Brücke über den Vecchio-Bach). Nach einem Abschnitt durch leichtes Gelände erreicht man den Brückenweg »Chemin des ponts« im Wald von Vizzavona (990 m). Auf dem Brückenweg sehr angenehm in nordöstlicher Richtung durch einen schönen Hochwald. Vor der Brücke über den Vecchio-Bach freies Gelände. Nach der Brücke

Onda-Hütte – Vizzavona

7. Etappe

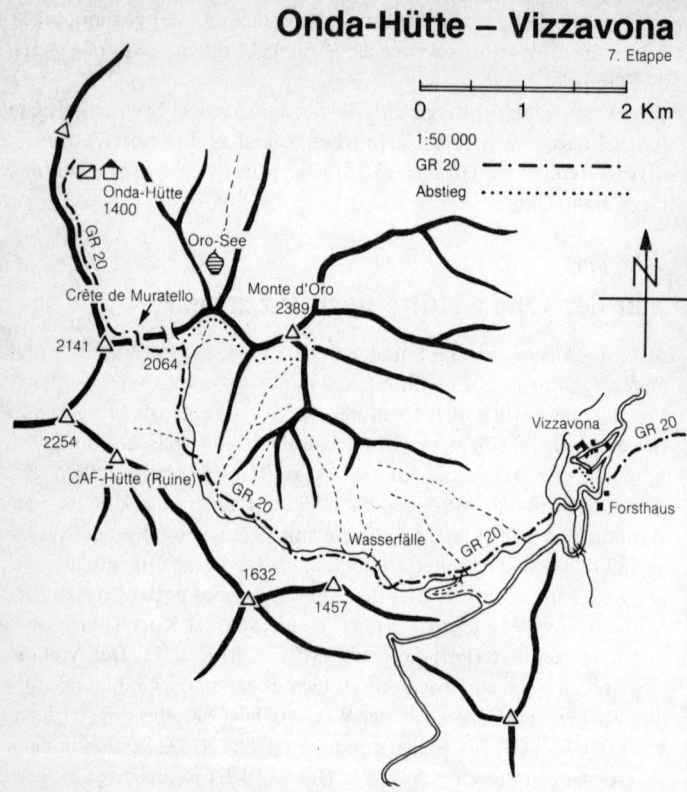

ansteigend zur N 193, die man am Forsthaus erreicht: vgl. Skizze auf Seite 156.

Das Dorf Vizzavona (920 m; Bahnstation) ist im Sommer ein beliebter Erholungsort. Zeltmöglichkeit auf einem Grundstück gegenüber dem Bahnhof. Drei einfache Hotels vorhanden:
1. L'Hôtel Moderne (Telefon: 95/47.21.12)
2. L'Hôtel Beausejour (Telefon: 95/47.21.13)
   (auch einfache Unterkunft für Wanderer vorhanden)
3. L'Hôtel-Restaurant de la gare (Telefon: 95/47.21.19)

Das Hôtel du Monte d'Oro an der Straße zum Col de Vizzavona mit mehr Komfort ist nur in der Hauptreisezeit geöffnet (Telefon: 95/47.21.06). Anschrift für alle Hotels: F–20219 Vivario.

Die Möglichkeit der Übernachtung bei Madame Tho im Hôtel de la gare muß leider genannt werden, obwohl es die Primitivität der Lager und die überhöhten Preise für Speisen und Getränke eigentlich nicht zulassen. Es wird wohl zur Regel werden, daß die »GR 20«-Wanderer zuerst in den anderen Hotels wegen einer Übernachtungsmöglichkeit anfragen werden.

Über die Selbstversorger-Hütte »Pozzi-de-Vizzavona« – etwa 30 Minuten vom Col de Vizzavona entfernt – gibt das Unterkunftsverzeichnis Auskunft. Während der Hauptreisezeit – etwa ab Mitte Juni

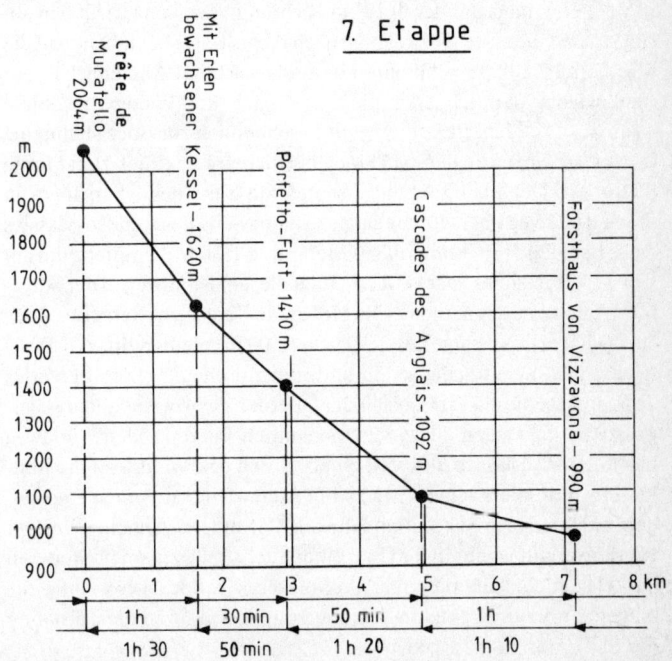

7. Etappe

– bieten ein oder zwei fahrende Händler auf dem Col de Vizzavona
ihre Waren an, unter anderem Getränke und einige Lebensmittel.

Beste Einkaufsmöglichkeit (auch Trockenverpflegung) in Vivario.
Mit der Eisenbahn (z. B. Abfahrt in Vizzavona 9 Uhr 21, Rückfahrt
10 Uhr 27, vgl. gültigen Fahrplan) oder mit dem Bus der Linie
Ajaccio – Bastia und mit dem Gegenbus zurück.

8. Etappe

Von Vizzavona zur Capannelle-Hütte

Norden – Süden etwa 6 Stunden.
Süden – Norden etwa 5 Stunden.
Vizzavona ist der tiefste Punkt auf dem gesamten »GR 20« zwischen
Calenzana und Conca.

Vom Forsthaus auf der N 193 in Richtung Vizzavona ca. 200 m absteigen und die erste Abzweigung nach rechts (NO) benutzen. Auf die
Markierung in diesem Abschnitt besonders achten! Allmählich ist der
Pfad wieder deutlich erkennbar und nach der Waldgrenze nicht
mehr zu verfehlen. In Kehren geht es schließlich zur Bocca Palmente
hinauf (1657 m), von der man einen herrlichen Rückblick zum Monte
d'Oro hat. Der Pfad geht auf der anderen Seite des Überganges in
einen Rundweg über, der die ganze östliche Seite des Renoso-Massivs
zwischen den Höhenlinien 1350 Meter und 1580 Meter quert und am
Col de Verde endet. Der »GR 20« folgt diesem Rundweg in der Allgemeinrichtung Süden und berührt folgende Bergerien: Bergeries d'Alzeta (1560 m), die Bergeries de Cardo (1500 m) bleiben links (östlich)
liegen, und die einmalig schön und romantisch gelegenen Bergeries
de Scarpaccedie (1450 m). Nach der Querung des Wasserlaufes »Giar-
galozeo«, kurz nach der zuletzt genannten Bergerie, den Rundweg
nach rechts verlassen und steil empor durch den Wald. Auf die Markierung besonders achten! Man stößt dann wieder auf einen Pfad, auf
dem die Straße zur Ski-Station Ghisoni-Capannelle erreicht wird. Der
Routenverlauf ist durch den Bau einer Stichstraße zu einem weiteren
Parkplatz nicht klar erkennbar. Aus diesem Grunde ist es wichtig, die
Allgemeinrichtung einzuhalten, um zum Parkplatz an der Talstation
des Ski-Liftes zu gelangen.

Vizzavona – Capannelle-Hütte

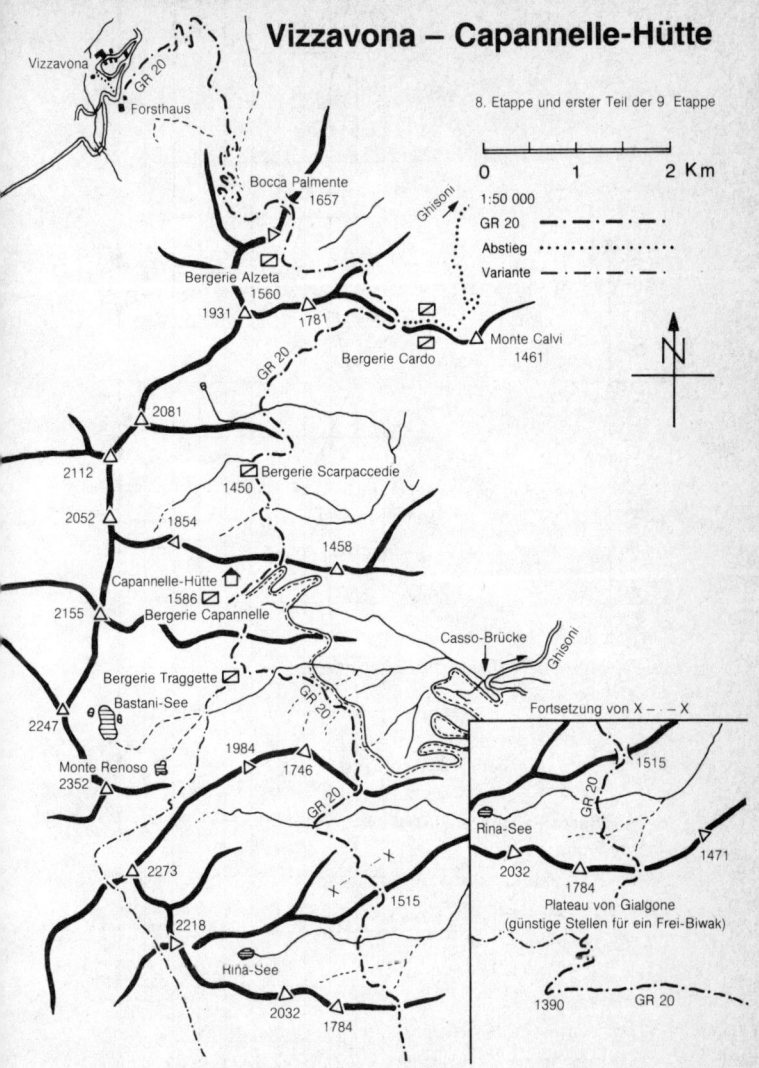

8. Etappe und erster Teil der 9. Etappe

0   1   2 Km
1:50 000
GR 20 — · — · —
Abstieg · · · · · · · · · ·
Variante — · · — · · —

N

Vizzavona
Forsthaus

Bocca Palmente
1657

Bergerie Alzeta
1560
1931   1781
Bergerie Cardo
Ghisoni
Monte Calvi
1461

2081
2112
2052   1854
1450
Bergerie Scarpaccedie
1458
Capannelle-Hütte
1586
2155   Bergerie Capannelle
Casso-Brücke
Ghisoni

Bergerie Traggette
2247   Bastani-See
1984
Monte Renoso   1746
2352

2273   X — · — X
2218   1515

Rina-See
2032   1784

Fortsetzung von X — · — X
1515
Rina-See
2032   1784   1471
Plateau von Gialgone
(günstige Stellen für ein Frei-Biwak)
1390   GR 20

159

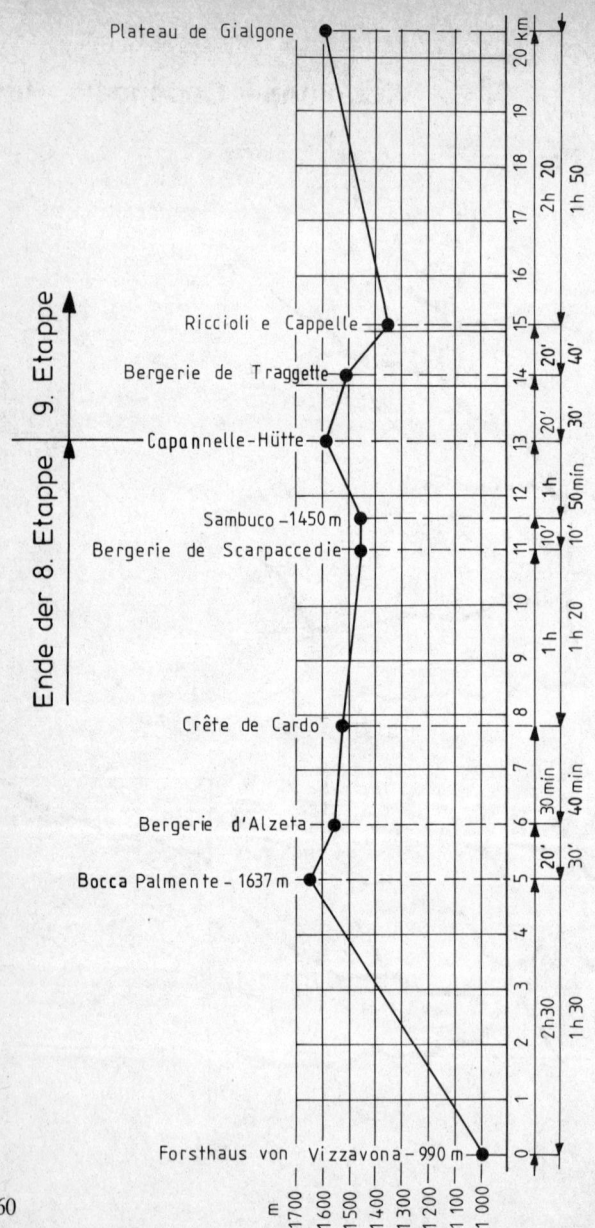

Plateau de Gialgone

Riccioli e Cappelle

Bergerie de Traggette

Capannelle-Hütte

Sambuco – 1450 m

Bergerie de Scarpaccedie

Crête de Cardo

Bergerie d'Alzeta

Bocca Palmente – 1637 m

Forsthaus von Vizzavona – 990 m

9. Etappe

Ende der 8. Etappe

Vom unteren Parkplatz nach rechts in 5 Minuten – am Restaurant »U Fugone« (mit Einkaufsmöglichkeit) vorbei – zur Selbstversorger-Hütte »Capannelle« (16 Lager). Am oberen Parkplatz die Snack-Bar »U Renosu«. Übernachtungsmöglichkeit in beiden Gaststätten!

Die Capannelle-Hütte eignet sich sehr gut als Verpflegungsdepot, desgleichen als Treffpunkt mit einer Versorgungsmannschaft. Von der Casso-Brücke (Straße Ghisoni – Col de Verde) auf der D 169 zum erwähnten Skizentrum: vgl. Skizze auf Seite 153.

Alpine Variante

Vizzavona – Col de Vizzavona – Hütte »Pozzi-di-Vizzavona« im Bereich der Bergeries des Pozzi – zum Hauptkamm des Renoso (schwierige Orientierung trotz gelber Markierung im letzten Teil des Aufstieges) – auf dem Hauptkamm leicht zum Gipfel des Monte Renoso – Abstieg in Richtung Col de Verde und damit zum »GR 20«. *Zeit:* 10 bis 11 Stunden.

Diese Variante sollte nur bei guter Witterung durchgeführt werden. Vor dem Monte Renoso Abstiegsmöglichkeit zur Capannelle-Hütte im Bereich der Skistation Ghisoni-Capannelle (vgl. Randzahl »52«).

Achtung!

Wer von Süden kommend – vom Col de Verde die »Alpine Variante« als Route wählt, der muß im Bereich des Plateau von Gialgone auf die Markierung besonders achten: Gelber Doppelstrich zuerst nach Norden!

Gute Übernachtungsmöglichkeit in den Bergerien von Pozzi.

Von der Bergerie führt auch eine einfache gelbe Markierung (also kein Doppelstrich) in Richtung Bocca di Scaldasole. Steinmänner im Bereich des Plateau von Gialgone nicht beachten, da diese nach Westen führen und plötzlich aufhören.

9. Etappe
Von der Capannelle-Hütte zur Selbstversorger-Hütte Prati

Norden – Süden   etwa 7 Stunden.
Süden – Norden   etwa 8 Stunden.

Vom Gelände der Bergerie Capannelle dem »GR 20« folgend, auf einem guten Pfad zu den Bergeries de Traggette (1520 m; Übernach-

Plateau von Gialgone – Usciolu-Hütte

zweiter Teil der 9. und 10. Etappe

GR 20

von der Capannelle-Hütte

△ 1464

Col de Verde
1289

GR 20

△ 1750

Prati-Hütte
Ende der 9. Etappe

△ Punta della Cappella
2042

◁ 1937

◁ 1767

GR 20

1614

△ 1695

Kapelle St. Antoine

Cozzano

Col de Laparo
1525

San Gavino

X — · — X

1963 △

Punta Mozza
1881

Usciolu-Hütte
1745

△ Punta Bianca

GR 20

△ Monte Formicola
1981

X — · — X

△ 1963

0   1   2 Kr

1:50 000

GR 20 — · — · —

Abstieg · · · · · ·

N

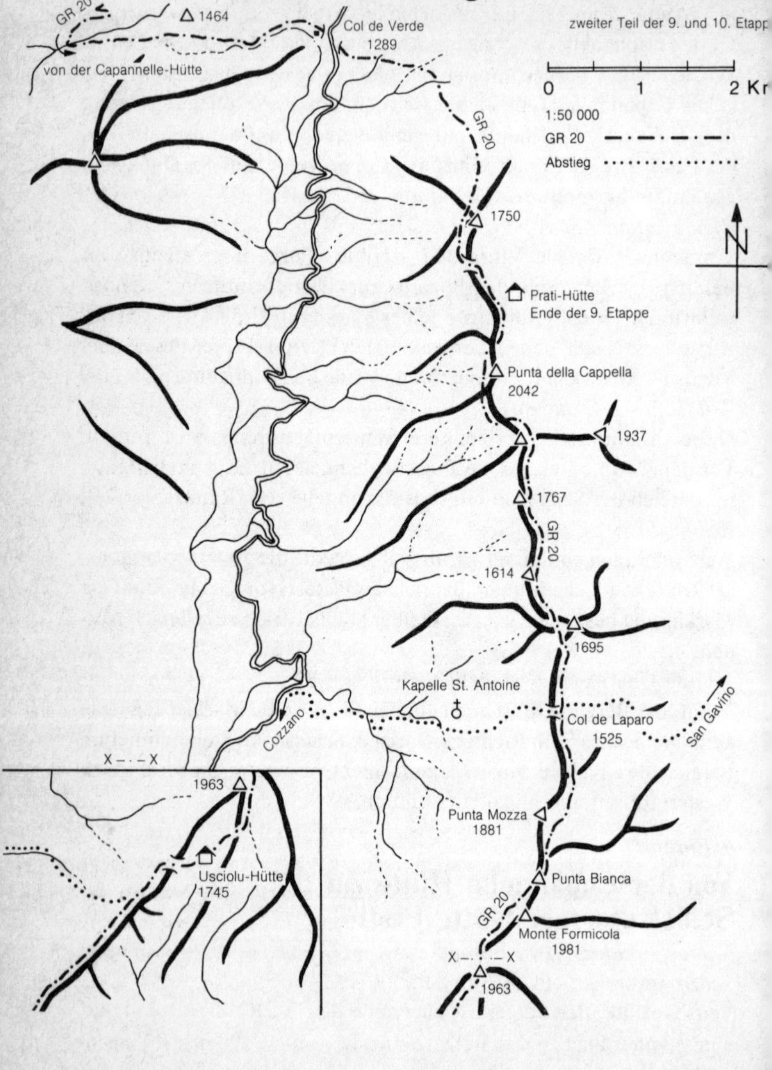

tungsmöglichkeit). Danach absteigend zum Rundweg, der im Bereich des Platzes »Riccioli e Capelle« (1350 m) erreicht wird. Der »GR 20« verläuft an einigen Stellen entlang der Straße (D 169) durch den Casso-Wald. Auf die Fortsetzung des Rundweges besonders achten, auf dem man in südlicher Richtung das Plateau von Gialgone erreicht. – Gute Biwakmöglichkeiten.

Vom Plateau de Gialgone auf einem guten Pfad in Kehren hinab in das Marmano-Tal. Am Punkt 1390 Meter den Marmano-Bach queren, anschließend in einem spitzen Winkel direkt nach Osten durch einen Wald mit riesigen Tannen (darunter der etwa 55 m hohe »Sapin Geant de Gialgone«) zum kleinen Col de la Flasca (1430 m). Der Höhenzug trennt hier das Tal von Taravo im Süden und das von Marmano im Norden und gehört zur großen Wasserscheide Korsikas. Vom Paß erst kurz nach Süden, dann in einem Bogen nach Osten zum Col de Verde (1289 m). Kurz vor dem Col de Verde gute Biwakmöglichkeiten, vor allem links unter einem großen Stein.

Auf dem Col de Verde: Imbißstube, Einkaufs- und Übernachtungsmöglichkeit. Nur in der Saison geöffnet!

Günstiger Treffpunkt mit einer Versorgungsmannschaft.

Die nächsten Ortschaften: Ghisoni im Norden (17 km), Cozzano im Süden (18 km).

Etwa 300 Meter südlich der Paßhöhe – kurz nach der Grenze zwischen dem Wald von Marmano und dem von San Pietro di Verde – eine Quelle unterhalb des rechten Straßenrandes: »Fontaine de San Pietro di Verde«.

Vom Col de Verde – ausgezeichnet markiert –, nur noch etwa 500 Meter auf der Forststraße entlang, dann Wegweiser »Refuge de Prati«, der gleiche Hinweis auf einem Stein.

Die Route führt erst nach Osten, dann nach Südost. Nach der ersten Waldgrenze geht es zuerst über ein freies Gelände, dann steil durch einen Buchenwald empor, der bei etwa 1550 Meter aufhört. Bei 1750 Meter wird ein Sattel erreicht, von dem man einen schönen Blick zur Ostküste hat. Anschließend über ein fast ebenes Plateau zur »Prati-Hütte« (etwa 1820 m). Standort: Zwischen der Punta del Prato (1954 m) und Punta della Capella (2041 m).

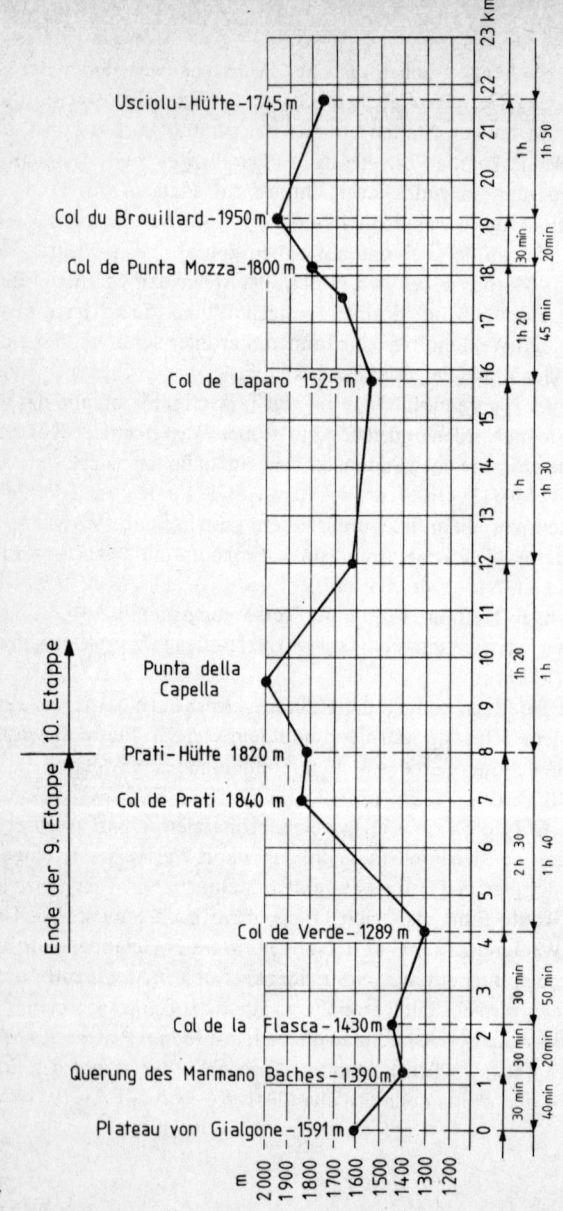

Usciolu-Hütte –1745 m

Col du Brouillard –1950 m

Col de Punta Mozza –1800 m

Col de Laparo 1525 m

Punta della
Capella

Ende der 9. Etappe ↕ 10. Etappe

Prati–Hütte 1820 m

Col de Prati 1840 m

Col de Verde –1289 m

Col de la Flasca –1430 m

Querung des Marmano Baches –1390 m

Plateau von Gialgone –1591 m

23 km
22
1h 50
21
20
1h
19
30 min 20 min
18
17
1h 20 45 min
16
15
14
1h 30
13
12
11
10
1h 20 1h
9
8
7
6 30
2h 30 1h 40
5
4
30 min 50 min
3
2 30 min 20 min
1 30 min 20min
0 30 min 40min

m 2000 1900 1800 1700 1600 1500 1400 1300 1200

164

Zwischen Prati- und Usciolu-Hütte

Norden – Süden   etwa 5½ Stunden.
Süden – Norden   etwa 6½ Stunden.

Von der Prati-Hütte verläuft der »GR 20« auf dem Hauptkamm nach Süden. Die Punta della Capella wird westlich in einer Höhe von etwa 2000 Metern umgangen. Über den Col de Rapari (1614 m) zum Col de Laparo (1525 m): 2½ Stunden von der Prati-Hütte.

Vom Col de Laparo Abstiegsmöglichkeit über die Kapelle St. Antoine (1449 m) und weiter auf einem befahrbaren Weg zum Forsthaus St. Antoine an der D 69. Von hier 6 Kilometer bis Cozzano.

Auf dem Col de Laparo ein relativ junger Buchenwald. Vom Col auf einem uralten Pfad östlich des Hauptkammes in südlicher Richtung. Die Punta Mozza (1831 m) wird östlich umgangen, doch gleich danach geht es in Kehren nach Westen zum Col de Punta Mozza (1800 m). Anschließend sofort wieder nach Süden dem Gratrücken folgend (teilweise mit Erlen bewachsen) bis zum Col de Brouillard (1950 m) vor dem Monte Formicola (1981 m). Während der alte, in diesem Bereich kaum erkennbare Weg nach links zu den Bergeries de Bianca abwärts führt, bleibt der »GR 20« auf dem Gratrücken, umgeht den kleinen Gipfel des Monte Formicola und führt anschließend abwärts. Der unmittelbare Gratrücken wird bald verlassen, man steigt hinab in südwestlicher Richtung zu einem wenig ausgeprägten Sattel, wo die Selbstversorger-Hütte »Usciolu« (1750 m) liegt.

Achtung!

Zwischen der Prati-Hütte und der Usciolu-Hütte *keine* Quelle, die ständig Wasser spendet, obwohl zwei Quellen an der Ostseite des Hauptkammes auf der Karte eingezeichnet sind. Aus diesem Grunde unbedingt genügend Wasser von der Prati-Hütte mitnehmen!

Abstieg nach Cozzano   gelb markiert.

Am Ortseingang von Cozzano wohnt der Hüttenwart der Usciolu-Hütte (wenn keine Änderung eingetreten ist), der ein Privat-Refuge mit Kalt- und Warmwasser eingerichtet hat. Lager für ca. 12 Personen, gutes Essen wird angeboten.

Gepäck- und Personentransporte durch Esel möglich. Abstieg von der Usciolu-Hütte ca. 2 Stunden, der Aufstieg dagegen mindestens 3 Stunden.

Anschrift: GITE D'ETARE, Pantalacci Baptiste, Quartier Concata, F-20148 Cozzano, Telefon: 95. 24. 41. 59

11. Etappe

Von der Usciolu-Hütte zur Selbstversorger-Hütte Asinao

Norden – Süden etwa 8½ Stunden.
Süden – Norden etwa 9 Stunden.

Von der Usciolu-Hütte erreicht der »GR 20« nach einer kurzen Steigung erneut den Hauptkamm, der das Travo-Tal von der westlichen Ebene trennt. Der nächste markante Punkt ist die Bocca di l'Usciolu (1780 m). – An dieser Stelle mündet der von Cozzano heraufkommende Pfad, der eine wichtige Abstiegsmöglichkeit bei Schlechtwettereinbruch vermittelt. Gelbe Markierung! –

Der »GR 20« wendet sich dem Gratverlauf folgend nach Südwesten und verläuft oberhalb der Waldgrenze. Freie Blicke auf das Meer im Osten und auf den Golf von Propriano im Westen künden das baldige Ende der Durchquerung an. Wegen den eigenartigen Felsformationen wird der Hauptkamm nach der Bocca di l'Usciolu »Arêtes des Statues« (Denkmalsgrat) genannt. Nach dem höchsten Punkt des Grates (1836 m) umgeht der »GR 20« noch einige Felsköpfe und führt dann hinab zum Col de Monte Occhiatu (1680 m). Von diesem Col direkt nach Süden zur Bocca di l'Agnone (1570 m).

Südlich der Bocca di l'Agnone eine kleine Quelle. Abstiegsmöglichkeit nach Zicavo (etwa 2 Std.).

Von der Bocca di l'Agnone durch einen schönen Buchenwald, der bereits zum Forêt du Coscione gehört. Nach der großen Senke verläßt der »GR 20« den Gratrücken und wendet sich von seiner südlichen Richtung nach Südosten und führt hinab zum Bach »Casamintellu et de Monte Tignoso«, der am Punkt 1381 Meter erreicht wird. Nach der Querung des Baches (Hängebrücke) zuerst nach Süden, dann im rechten Winkel nach Osten und wieder nach Süden. Auf einer großen Lichtung nach der Baumgrenze, Ruinenreste der ehe-

Usciolu-Hütte – Pedinielli-Hütte (Ruine!)

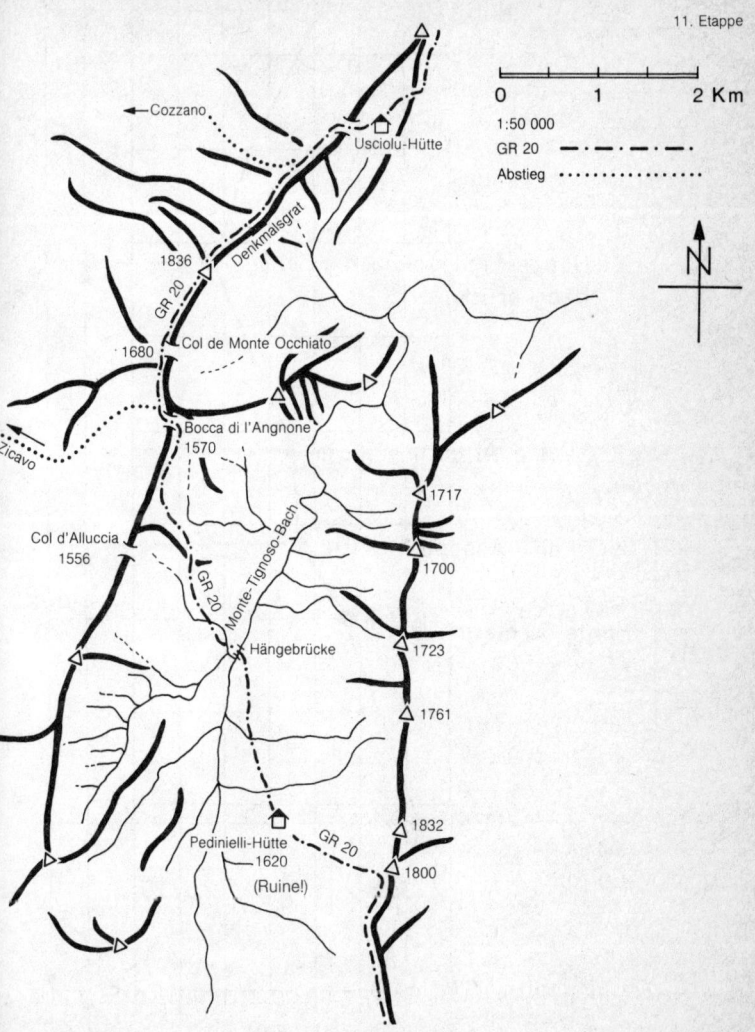

0   1   2 Km

1:50 000

GR 20 — · — · —

Abstieg ············

N

←Cozzano

Usciolu-Hütte

Denkmalsgrat

1836

GR 20

1680   Col de Monte Occhiato

←Zicavo

Bocca di l'Angnone
1570

1717

1700

Col d'Alluccia
1556

GR 20

Monte-Tignoso-Bach

Hängebrücke

1723

1761

1832

Pedinielli-Hütte   GR 20
1620
(Ruine!)

1800

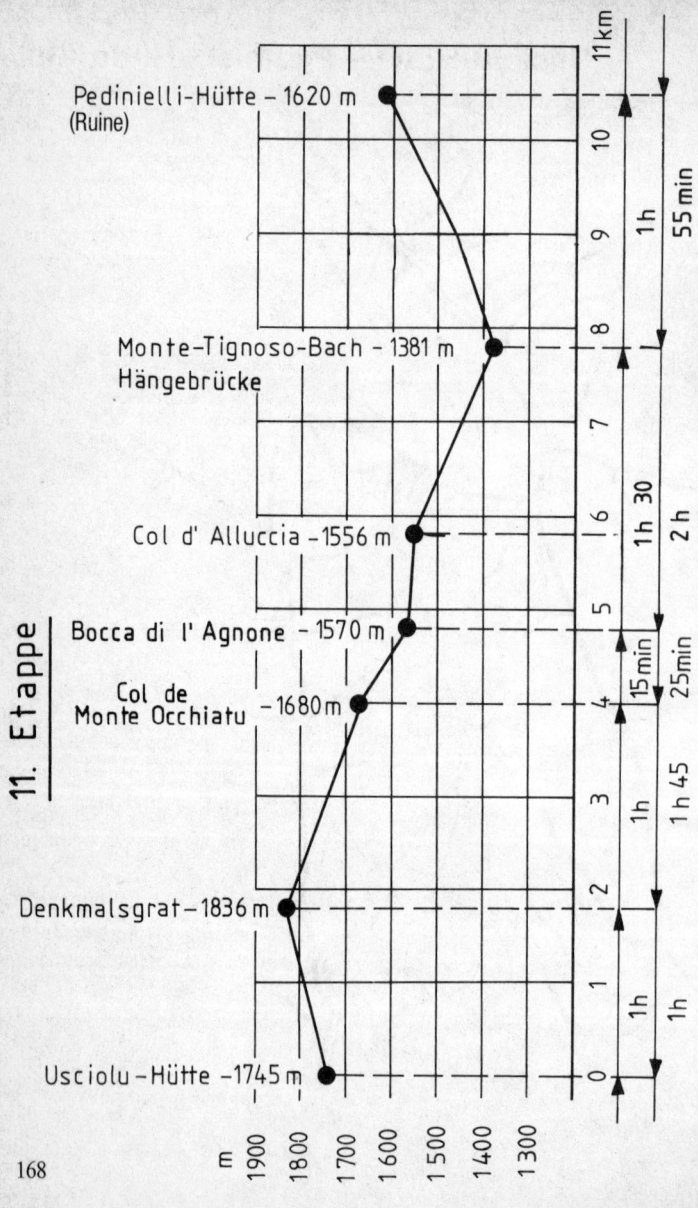

11. Etappe

Pedinielli-Hütte – 1620 m
(Ruine)

Monte-Tignoso-Bach – 1381 m
Hängebrücke

Col d' Alluccia – 1556 m

Bocca di l' Agnone – 1570 m

Col de
Monte Occhiatu – 1680 m

Denkmalsgrat – 1836 m

Usciolu – Hütte – 1745 m

11 km
10
1 h   55 min
9
8
7
6
1 h 30   2 h
5
15 min   25 min
4
3
1 h   1 h 45
2
1
1 h   1 h
0

m 1900 1800 1700 1600 1500 1400 1300

168

maligen Bergerie Pedinielli. Die Selbstversorger-Hütte »Pedinielli«
ist abgebrannt und wird nicht wieder aufgebaut!
Anmerkung!
Im Bereich der Stelle, wo der »GR 20« von seiner südlichen Richtung
plötzlich nach Osten wendet, gibt es zwei Übergangsmöglichkeiten
über den Bach nach Westen, die aus der Karte zu ersehen sind. Im
Westen stößt man sofort auf eine Trasse, die über die Bergerie de
Cavallara zur Straße D 69 hinabführt, die man zwischen dem Col de
la Vaccia (1199 m) und Zicavo erreicht: vgl. Randzahl 53, Seite 108.

Von der Bergerie Pedinielli (1620 m) verläuft der »GR 20« zuerst in
Richtung Nordostgrat des Monte Incudine, der bald erreicht ist, und
zwar am Col de Luana. Vom Col sehr angenehm – wie auf einem Pro-
menadenweg – auf dem Felsrücken des Nordostgrates zum Gipfel des
Monte Incudine (2134 m; Gipfelkreuz). Vom Gipfel nach Südwesten
zum Col des Forgerons, von dem eine gelbe Markierung in Richtung
Quenza führt. Der »GR 20« wendet sich jedoch nach Südost und führt
hinab ins Asinao-Tal. Kurz vor der Bergerie Asinao die »Asinao-
Hütte« (etwa 1600 m).

12. Etappe

Von der Asinao- zur Paliri-Hütte

Norden – Süden etwa 8 Stunden.
Süden – Norden etwa 8½ Stunden.
*Auf der 12. und 13. Etappe kommt man durch ausgedehnte Macchia-
Bestände. Der ermüdende Gang durch das Gestrüpp kann sich ungünstig
auf die Gesamtmoral auswirken!*
Auf Wunsch der Hirten wurde die Route des »GR 20« in einem gro-
ßen Bogen um die Bergerie Asinao gelegt. Der Markierung nach in
Kehren hinab zur Markierungstafel in Richtung Quenza. Von der
Tafel der weiß-roten Markierung des »GR 20« folgend in wenigen
Minuten zum Asinao-Bach (im Juni/Anfang Juli zahlreiche Gruppen
der leuchtenden Alpenakelei im Bereich des Bachbettes). Nach der
Querung des Asinao-Baches geht es hinein in einen Mischwald von
Kiefern und Birken. Nach etwa 1¾ Stunden von der Asinao-Hütte

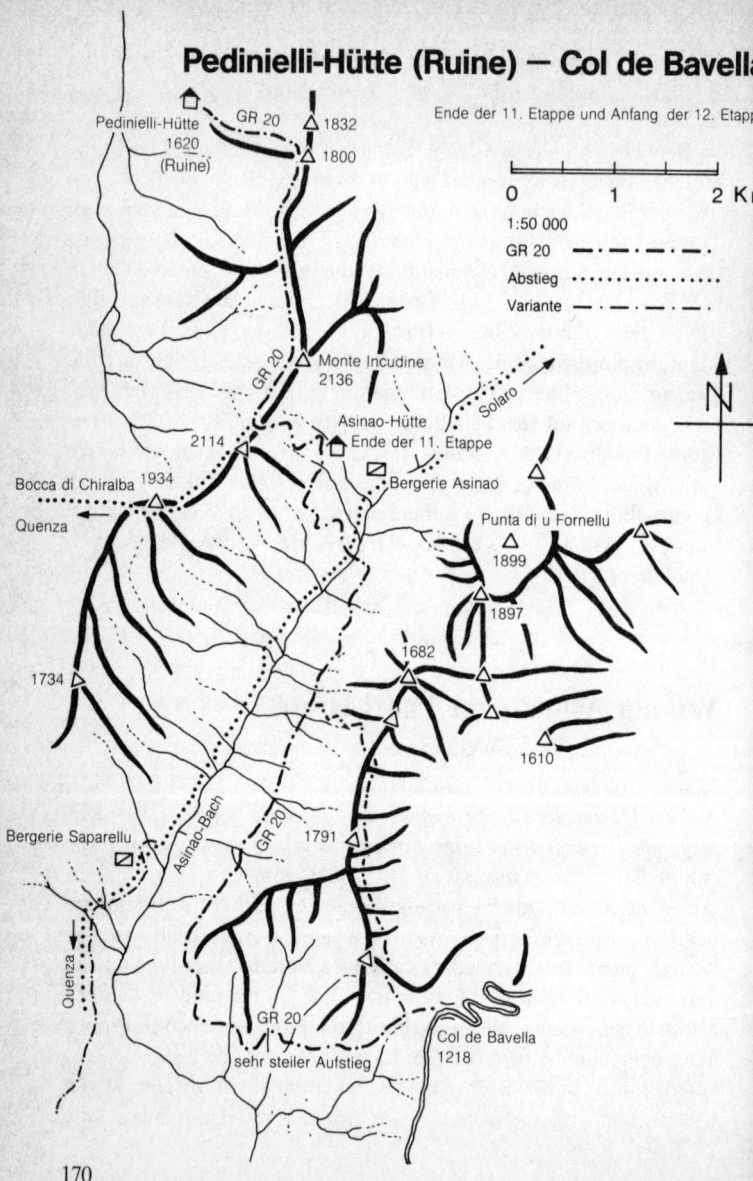

Pedinielli-Hütte (Ruine) — Col de Bavella

Ende der 11. Etappe und Anfang der 12. Etappe

Pedinielli-Hütte
1620
(Ruine)

GR 20

△ 1832

△ 1800

0   1   2 K

1:50 000

GR 20 ———·———

Abstieg ················

Variante ——·——·——

N

GR 20

△ Monte Incudine
2136

Asinao-Hütte
Ende der 11. Etappe

2114 △

⊡ Bergerie Asinao

Solaro

Bocca di Chiralba ¹⁹³⁴
△

Quenza ←

Punta di u Fornellu
△
1899

△ 1897

△ 1682

△

△

△ 1734

△

△

△ 1610

Bergerie Saparellu
⊡

Asinao-Bach

GR 20   1791

Quenza ↓

GR 20
sehr steiler Aufstieg

△

Col de Bavella
1218

170

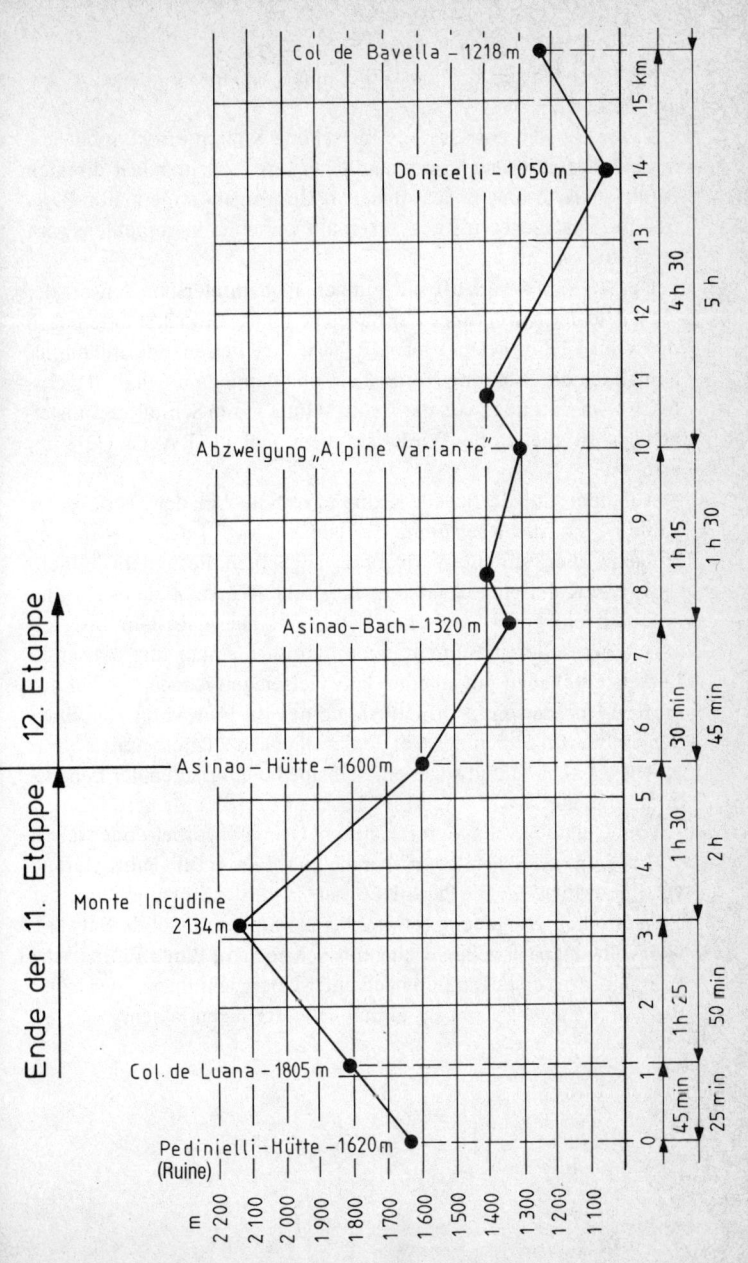

Ende der 11. Etappe ↑ 12. Etappe ↑

Col de Bavella – 1218 m

Donicelli – 1050 m

Abzweigung „Alpine Variante"

Asinao-Bach – 1320 m

Asinao-Hütte – 1600 m

Monte Incudine
2134 m

Col de Luana – 1805 m

Pedinielli-Hütte – 1620 m
(Ruine)

15 km
14
13
4 h 30   5 h
12
11
10
1 h 15   1 h 30
9
8
7
30 min   45 min
6
5
1 h 30   2 h
4
3
1 h 25   50 min
2
1
45 min   25 min
0

m 2 200 2 100 2 000 1 900 1 800 1 700 1 600 1 500 1 400 1 300 1 200 1 100

zweigt ab nach links (Südost) die alpine Variante durch die Nordgruppe der Bavella.

– Obwohl sich das Gelände für schöne Kehren direkt anbot, hat man die Markierung unverständlicherweise in einer fast direkten Route in Richtung Bocca di u Pargulu vorgenommen. Für Bergfreunde mit schweren Rucksäcken auf keinen Fall empfehlenswert, auch sonst nicht! –

Der »GR 20« verläuft mit einigen Höhenunterschieden an der Westseite der Nordgruppe der Bavella entlang. Etwa 3 Stunden nach der Asinao-Hütte gelangt der »GR 20« in eine Felsenzone und nimmt allmählich die Richtung Nordost ein und damit zum Col de Bavella. Nach etwa 6 Stunden von der Asinao-Hütte – zum Schluß steil ansteigend – ist die große Wiese auf dem Col de Bavella (1218 m) erreicht.

Auf dem Col de Bavella Campingverbot! Auf der Ostseite der Paßhöhe u.a. das Restaurant Grimaldi. In zwei Lokalen wird eine einfache, aber sehr gute Verpflegung angeboten. Besonders empfehlenswert: Korsischer Schinken, korsische Wurst, Ziegenkäse und natürlich ein guter korsischer Landwein! Diese Restaurants sind gegenüber anderen Einrichtungen, darunter einem improvisierten Lebensmittelladen mit einem relativ vielseitigen Angebot, nicht nur in der Hochsaison geöffnet, sondern von Ende Mai bis Ende September. Im Süden des Col de Bavella nach 9 Kilometern Zonza: Hotels, Geschäfte und sogar ein Selbstbedienungsladen der Lebensmittelbranche.

Vom Col de Bavella – am Restaurant Grimaldi vorbei – oder schon vorher dem »GR 20« folgend über die Foce Finosa zur »Paliri-Hütte«; vgl. Randzahl »57«. Die Paliri-Hütte ist ein idealer Stützpunkt in einer romantischen Umgebung (etwa 2 bis 2½ Std. vom Col de Bavella). Hier sollte man verweilen, vielleicht auch noch die Punta Tafunata di i Paliri (1312 m) ersteigen und nach einer Übernachtung auf der Hütte die Durchquerung Korsikas allmählich ausklingen lassen.

Col de Bavella – Conca

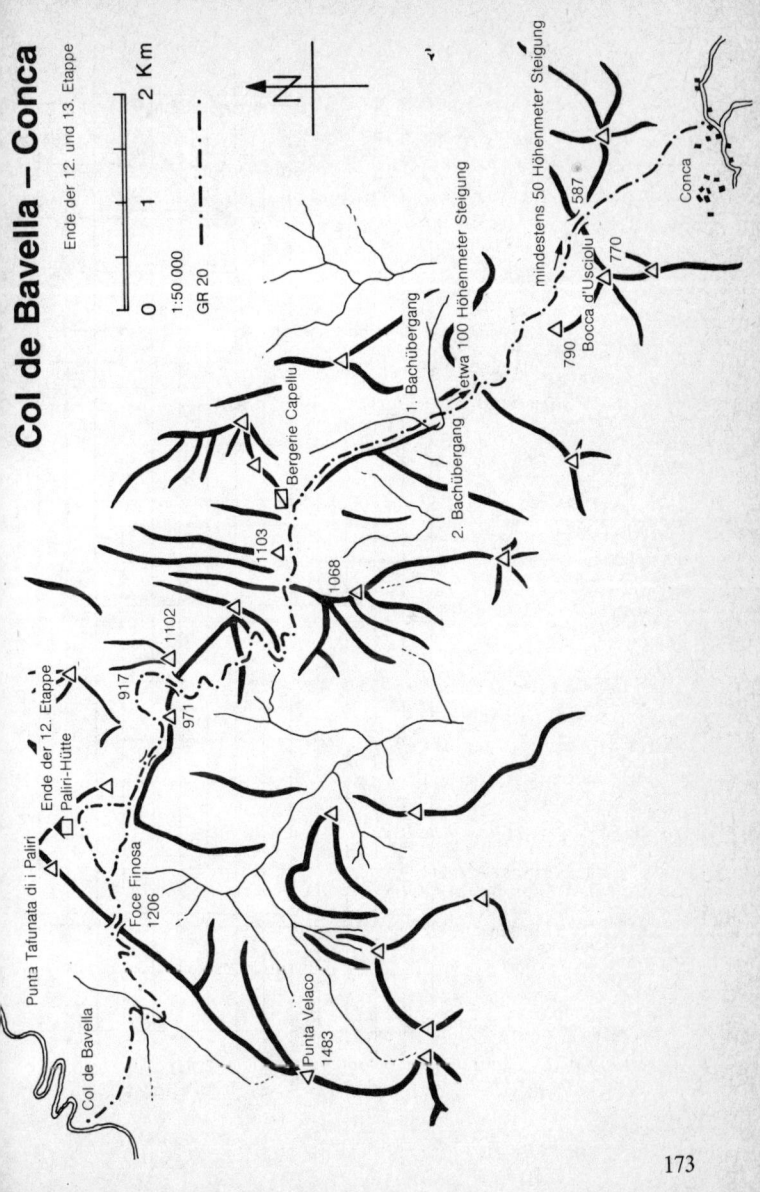

Ende der 12. und 13. Etappe

0   1   2 Km

1:50 000

GR 20

N

Punta Tafunata di i Paliri

Ende der 12. Etappe

Paliri-Hütte

Col de Bavella

Foce Finosa
1206

917

971

1102

Punta Velaco
1483

1103

1068

Bergerie Capellu

1. Bachübergang

2. Bachübergang etwa 100 Höhenmeter Steigung

mindestens 50 Höhenmeter Steigung

790

Bocca d'Usciolu
587

770

Conca

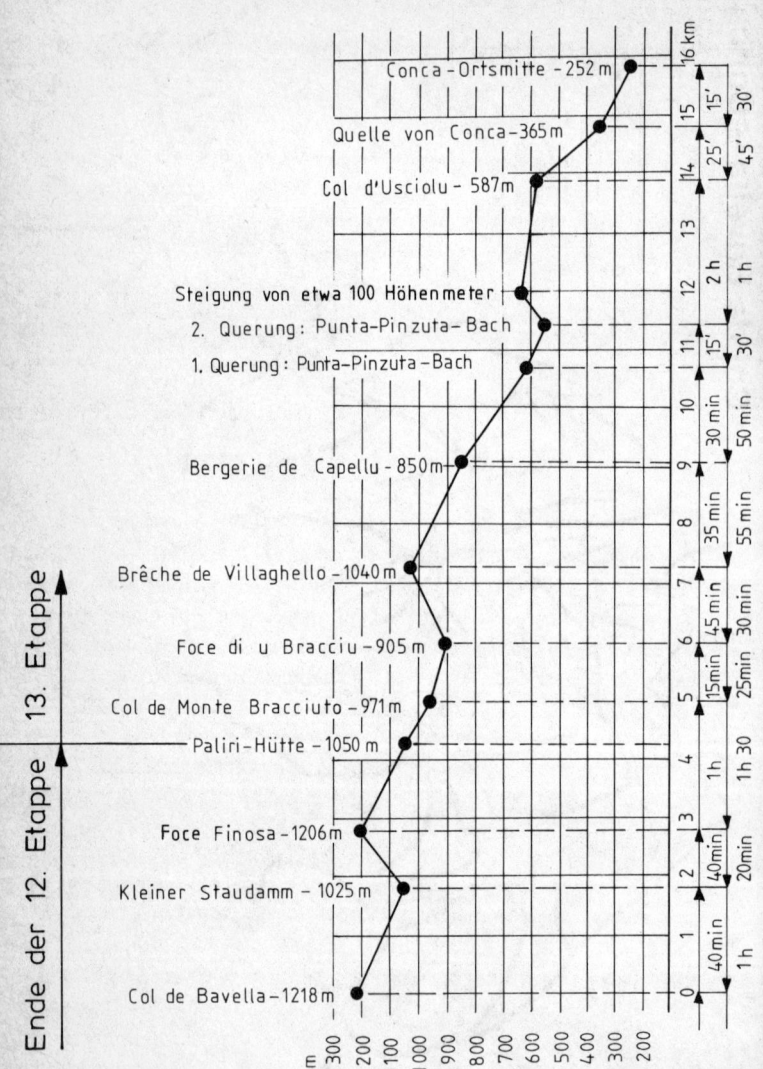

Ende der 12. Etappe — 13. Etappe

Conca–Ortsmitte – 252 m
Quelle von Conca – 365 m
Col d'Usciolu – 587 m
Steigung von etwa 100 Höhenmeter
2. Querung: Punta–Pinzuta–Bach
1. Querung: Punta–Pinzuta–Bach
Bergerie de Capellu – 850 m
Brêche de Villaghello – 1040 m
Foce di u Bracciu – 905 m
Col de Monte Bracciuto – 971 m
Paliri-Hütte – 1050 m
Foce Finosa – 1206 m
Kleiner Staudamm – 1025 m
Col de Bavella – 1218 m

174

Von der Paliri-Hütte nach Conca

Norden – Süden   etwa 6 Stunden.
Süden – Norden   etwa 7 Stunden.

Nach der Paliri-Hütte führt der »GR 20« nach Süden und stößt wieder auf den uralten Weg Conca – Col de Bavella. An der Punta di i Paliri (früher Tour de Paliri) vorbei zur Bocca di Monte Bracciutu (971 m). Danach nordöstlich bis in die Nähe des Punktes 917 Meter. Von diesem wendet sich der Pfad direkt nach Süden zur Brêche de Villaghello (1040 m). Der »GR 20« ist z. T. schlecht erkennbar, jedoch relativ gut markiert, so daß man die Ruinen der Bergeries de Capellu (850 m) kaum verfehlen kann. Von den Ruinen der Bergerie auf einem immer besser werdenden Pfad in südöstlicher Richtung. Der Punta-Pinzuta-Bach wird zweimal gequert, das zweite Mal bei etwa 550 Meter. Anschließend etwa 100 Höhenmeter ansteigend, dann abwärts zur Bocca d'Usciolu (587 m), kurz vor dem Endpunkt des »GR 20«: *Conza*. Nach einem Abstieg durch einen Laubengang der Macchia erreicht man das Ende der Durchquerung Korsikas an der Quelle »Fontaine de Radicale« (365 m). Noch ein paar Schritte zur Fahrstraße und auf dieser nach links zur Ortsmitte von Conca (252 m). Keine Taxi-Station! Am Ortsausgang steht in der Regel eine Zelt des Parc Naturel Régional de la Corse mit 16 Plätzen. Entsprechender Hinweis an der Quelle (Ende des »GR 20«). Zwischen der Paliri-Hütte und der Quelle von Conca Camping- und Biwakverbot!

Wenn kein Treffpunkt mit Freunden vereinbart wurde, per Anhalter oder in einem nicht gerade angenehmen Fußmarsch nach Ste. Lucie de Porto Vecchio (rund 8 km): Restaurants, Lebensmittelgeschäft, Omnibus-Station. Da ein Bus in den Morgenstunden (ca. 8 Uhr) oder um die Mittagszeit nach Bastia oder Porto Vecchio fährt, wird u. U. notwendig sein, von Ste. Lucie de Porto Vecchio nach Lecci – 4 km – (Richtung Porto Vecchio) zu laufen: zwei Hotels.

Bergsteiger und »GR 20«-Freunde benutzen gern den Zeltplatz »Fautea« (etwa 5 km nördlich von Ste. Lucie de Porto Vecchio).

Nach der anstrengenden Durchquerung Korsikas lädt der nahe Golf von Pinarello oder die Küste im Bereich von Fautea zu einem erfrischenden Bad im Meer ein.

Schrifttum

Literatur

Arnberger, E.: »Korsika – Landschaften einer Mittelmeerinsel«

Klaer, W.: »Verwitterungsformen im Granit auf Korsika« (VEB Hermann Haack, Gotha)

Kohlhaupt, Paula: »Mittelmeer Flora« und »Mittel- und Südeuropäische Orchideen«, Athesia-Verlag Bozen, Auslieferung in der BRD durch den Echter-Verlag in Würzburg.

Polunin/Huxley: »Blumen am Mittelmeer«

Schymik, H.: »Korsika für Bergsteiger und Kletterer«, Eigenverlag: Waldhausen, Albstraße 104, D–7080 Aalen 14

Schymik, H.: Bildband »Korsika – Felseninsel im Mittelmeer« in der Reihe »Ferienstraßen«, Schroll-Verlag Wien-München.

»Tra Mare e Monti«
Fernwanderweg von Calenzana über Galeria durch die Berge um den Golf von Porto nach Cargèse. Beschreibung der 9 Etappen in französischer Sprache. Bezug in der BRD über den Buchhandel bei GEO CENTER in Stuttgart.

Allgemeine Reiseführer

Grieben-Band 268 Korsika

Polyglott-Reiseführer Korsika

Schroeder-Reiseführer Korsika von Dr. Lotte Komma

DuMont Kunst-Reiseführer Korsika von Almut und Frank Rother

Karten

IGN-Faltkarten 1:50 000 mit blau eingezeichneten Wanderrouten, Verlauf des »GR 20« sowie Lage der Selbstversorgerhütten von der Edition Didier & Richard, Grenoble: Corse Nord Nr. 20 und Corse Sud Nr. 23. Cap Corse und einige Küstengebiete werden von diesen Karten nicht erfaßt.

IGN-Karten 1:100 000, »Corse Nord« Nr. 73 und »Corse Sud« Nr. 74

»Michelin«-Karte »Corse« 1:200 000 (Nr. 90)

Amtliche topographische Karten 1:50 000 und 1:25 000: Auskunft und Lieferung über den Buchhandel bei GEO CENTER in Stuttgart.

Reisenotizen

Reisenotizen

Reisenotizen

Reisenotizen

Reisenotizen

Reisenotizen

Deutschlands schönste Seiten

DER GROSSE WANDER-ATLAS DEUTSCHLAND
Die schönsten und erlebnisreichsten Rundwanderungen Deutschlands:

444 Seiten, durchgehend farbig.
Format: 16,8 x 26,8

Attraktive Wanderziele auf 240 Touren entdecken und erleben: idyllische Landschaften, geheimnisvolle Naturwunder, romantische Burgen und Schlösser, grandiose Aussichten, geschichtsträchtige Kirchen, alte Städte und viele andere interessante Ziele.

Jedes Wandergebiet mit fundierter Einführung in Geographie, Geschichte, Kultur und informativer Autotour zu den touristischen Höhepunkten des Wandergebietes.

ISBN 3-7718-0560-0

DER GROSSE REISE-FÜHRER DEUTSCHLAND
Deutschland stellt sich vor:

396 Seiten, durchgehend farbig.
Format: 16,8 x 26,8

Die interessantesten Freizeitziele und Ausflüge in Wort, Bild und Karte.

28 Regionen und ihre gemeinsame Kultur, Geschichte und Geographie. Über 200 Ausflugstouren zu überwältigenden Naturwundern, idyllischen Landschaften, imposanten Bauwerken, romantischen Schlössern, trutzigen Burgen und einladenden Städten. Weitere 1400 erlebnisreiche und interessante Freizeitziele. 64 Extra-Seiten über die gemütliche Kleinstadt. Hinweise zur Anfahrt, Termine für Feste und Brauchtumsveranstaltungen. Viele Übersichtskarten, zahlreiche Skizzen und farbige Bilder.

ISBN 3-7718-0574-0

Der läßt Sie nicht im Stich

GRIEBEN
Reiseführer

Wer reist, will was erleben.
Land und Leute, Kultur und Kunst
erschließen sich aber nur dem Kenner.
GRIEBEN-Reiseführer bringen alles
Wissenswerte, sie bieten kein belang-
loses Geplaudere, sondern servieren
handfeste Fakten:
präzise und trotzdem
stimmungsvolle Orts- und

Landschaftsbeschreibungen,
wertvolle Hinweise zu Essen,
Unterkunft, Sportmöglichkeiten, Frei-
zeitgestaltung, Einkaufsstätten und
Kunstereignisse. Dazu eine große
Zahl von Vorschlägen für Spazier-
gänge, Ausflüge und Wanderungen.
GRIEBEN-Reiseführer helfen den
Urlaub erlebnisreicher zu machen.

GRIEBEN
Reiseführer
KULTUR · LANDSCHAFT · MENSCHEN

Sizilien

Wichtige Reiserouten
Orte von A–Z
Tips · Karten · Fotos

*Palermo · Agrigento · Selinunte · Siracusa
Taormina · Liparische Inseln · Kulturdenkmäler a
der Zeit der griechischen Kolonisierung · Kirche
aus der Normannen- und Stauferzeit · Ätna-Tour*